世界卷

历史其实很有趣儿

第4卷

曹亚楠 主编

北京联合出版公司
Beijing United Publishing Co.,Ltd.

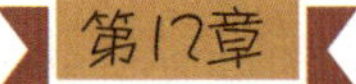

“一战”里的故事

第13章

“二战”风云

第14章

精妙绝伦的计策

第15章

世界新格局

第16章

科技成就梦想

第12章

“一战”里的故事

“萨拉热窝事件”拉开了第一次世界大战的序幕，也注定了世界进入了动荡的时代。在“一战”中，爆发了多场战争，大量的鲜血给世界带来了巨大的伤痛。

战争阴云不断加重

19世纪前的德国，走过的是一条分裂、统一、崛起，然后又冒险、失败的道路。在经历了中世纪的强盛、文艺复兴后的短暂耻辱后，在19世纪后半叶，德意志开始了新的崛起。重新统一、再次崛起的德国，开始在国际社会中发出自己的声音。

局势的变化

德国最早是一个松散的、封建势力割据的联邦制国家。北部的普鲁士从18世纪开始实行工业化，逐渐强大起来。1870年，普鲁士战胜了奥匈帝国和法国，排除了内、外阻力，统一了德意志，建立了德意志帝国。

与此同时，原来分裂为8个小邦的意大利，也从19世纪中期开始以撒丁王国为核心逐步扩大。撒丁王国趁着普法战争和法军撤出罗马的机会，派军进入罗马，完成了统一大业，组建了意大利王国。

结下仇怨

战争宣告了局势的变化。

法国最先暗中阻挠普鲁士的统一计划，后来又为争夺利益而引发了普法战争。最后法国大败，普鲁士大获全胜，两国签订了《法兰克福条约》。这个条约对作为战败的法国来说，条件极为苛刻。普法战争对心高气傲的法国人来说是一次严重的打击，自此两国结下了仇怨。

拉帮结派

普鲁士领导下的德国，以强盛的姿态出现在欧洲各国面前，这让其他老牌殖民国家大为恐慌。

首先是俄国，看德国越来越强大，感觉自己受到了威胁。然后，奥匈帝国也坐不住了。它原本在北面可以左右分裂的德意志，南面又可以对意大利北部施加影响，东、西可以协调法、俄两国之间的关系。现在它则再也不能左右逢源。德、意的强盛，让它深感不安。这时候，德国也清楚地认识到，自己必须与法国或者俄国搞好关系，否则两面树敌。于是德国便先向俄国示好，而后又去拉拢孤立无援的奥匈帝国。于是，三个国家在1873年建立了“三皇同盟”。

后来，因为巴尔干半岛问题，俄、奥之间产生了不可调和的矛盾，俄国觉得德国偏袒奥匈帝国，于

知识链接

《法兰克福条约》规定，法国要把阿尔萨斯全部和洛林省的一部分割让给德国，还要赔偿50亿法郎。在赔款付清之前，德军留驻巴黎及法国北部诸省，占领军费用由法国负担。

是在1878年退出了“三皇同盟”。这样，“三皇同盟”就成为德、奥两国同盟。而在地中海南岸掠夺殖民地的意大利，因为在与法国的争夺中失利，所以想和德国结盟，共同对付法国。1882年，德、奥、意形成“三国同盟”。

德、奥、意三国同盟的形成，给其他国家带来了强大的压力。法、俄开始拉拢英国。于是，英法、英俄分别于1904年和1907年签署协约。自此，与“三国同盟”相对立的“三国协约”出现了，欧洲6个强国恰好形成3对3的阵势。这6个国家，即将打一场世界性的大战。

萨拉热窝事件

20世纪初的欧洲，群雄并起。尤其是德国的崛起，已经开始改变世界的政治版图。为了实现自己的政治野心，德国迫切需要一次机会来展示自己强大的力量。同时，英、法等传统强国，面对德国的挑战，也做出了积极备战的姿态。到了1914年，欧洲的火药味已经愈发浓厚，敌对的联盟之间剑拔弩张，只要一个小小的火星便会将其点燃。

阴云密布的巴尔干

巴尔干地区处在欧洲的中心，战略位置极为重要，历史上是兵家必争之地。20世纪初，处于巴尔干地区的黑塞哥维那和波斯尼亚被奥匈帝国所吞并。哪里有压迫，哪里就会有反抗。这句话用在巴尔干地区再合适不过了。奥匈帝国占领下的黑塞哥维那和波斯尼亚，被压迫的斯拉夫人不断地进行着反抗，各种激进的地下民族组织，用暴力手段来抵抗奥匈帝国的统治。而在这些抵抗组织的背后，是塞尔维亚政府的支持。

同处于巴尔干的塞尔维亚，通过武装斗争，摆脱土耳其的统治后，励精图治，希望改变斯拉夫人被列强左右的命运。同时，俄国也在背后支持塞尔维亚，帮助其对抗奥匈帝国。面对这种复杂的局势，奥匈帝国对于抵抗势力采取的是高压政策，武装镇压了不少暴动，暂时稳定住了局势。但是，这种举动反而激发了更多的斯拉夫青年投身于抵抗运动，一些严密的抵抗组织也相继成立。比较有影响力的是“黑手会”和“国防会”，他们的成员已经渗透到了巴尔干地区的各个阶层。而且他们将办事机构设在塞尔维亚，从而避免了奥匈帝国的报复。

作为黑塞哥维那和波斯尼亚抵抗运动的背后主使，塞尔维亚早就成为了奥匈帝国的眼中钉、肉中刺。奥匈帝国已经在和自己的盟友德国秘密商讨对塞尔维亚作战的计划，决定在一个特殊的日子举行军事演习，那就是塞尔维亚的沦陷日——6月28日。在几百年前的这一天，塞尔维亚被吞并。在这一天举行军事演习，极大地刺激了斯拉夫人的激进组织，他们扬言要报复。就在这时，奥匈帝国的宣传机构宣布，帝国皇储斐迪南大公，将会前往萨拉热窝观看演习。于是，一个震惊世界的事件即将发生。

震惊世界的枪声

在萨拉热窝，一处并不起眼的公寓内，黑手会的一群年轻人正在屋里交谈着。在屋子中央有一张大桌子，桌子上摆放着萨拉热窝的地图。一名褐色头发的年轻人，站起身说道：“我已经把大致的情况说清楚了，大家有什么疑问吗？”一个相貌老实的年轻人问道：“察布利诺维奇，你是第一个行动的，要是你失败了，我们怎么办？”察布利诺维奇回答道：“普林西普，不要担心我，我要是失败了，无论是死是活，都要按照第二套方案进行。”普林西普点了点头。这时，察布里诺维奇对坐在墙角的一名健壮青年说道：“米哈伊诺，你跟普林西普一起，这样也有个照应。”米哈伊诺低声答道：

“没问题！”“好的，大家一定要记住，遇到突发情况，千万不要慌张。6月28日，将会是斯拉夫人永远骄傲的时刻！”察布利诺维奇激动地说道。

6月28日晨，奥匈帝国的斐迪南大公乘坐火车来到了萨拉热窝。走下火车的斐迪南大公虽然彬彬有礼，但是脸色却显得阴沉。据他的副官报告，巴尔干的激进分子已经将他列为刺杀目标，更为可恨的是帝国内的反对派对这次演习口诛笔伐。斐迪南大公正在思索着，他的夫人索菲亚搂住他的胳膊，悄声说道：“亲爱的，注意一下，你可是储君。”斐迪南看着自己心爱的女人，笑了笑。“是的，亲爱的，咱们难得在一起。”斐迪南大公的夫人索菲亚曾经是皇室的一名侍女，当年两人跨越重重阻隔才走到了一起。但是奥匈帝国皇室，依然对此事耿耿于怀，要求在所有的皇室仪式中，索菲亚不能与斐迪南同行。正因为如此，斐迪南才将索菲亚带到了萨拉热窝，只有在国外，两人才能不受约束地在一起。

即将点燃的火药桶

斐迪南夫妇参加完军事演习后，返回萨拉热窝市内。而在斐迪南的必经之路上，察布利诺维奇等人已经埋伏好了。当斐迪南的车队出现在远处时，埋伏在奥佩尔码头的察布利诺维奇紧张的身体已经僵硬了。他给旁边的伙伴做手势，但是，他发现有几个警察正站在那位同伴的旁边。“看来只有靠自己动手了。”察布利诺维奇暗下决心。当斐迪南的车队慢慢地开到眼前时，察布利诺维奇冲了出来，将炸弹丢向斐迪南大公的座车。但是，这枚炸弹却丢在了车子的敞篷上，然后被弹到了后面的汽车上，将后面汽车上的人员给炸伤了。回过神来的保卫人员急忙逮捕了察布利诺维奇，并护送斐迪南离开了现场。惊魂未定的斐迪南夫妇来到了市政厅，参加萨拉热窝市政府的欢迎仪式，但是当参加仪式的本地人知道斐迪南遇刺未遂后，居然高呼独立的口号。

这场欢迎仪式不欢而散，斐迪南临上车前，决定去医院看望刚才被炸伤的人员。但是大公的随从却没将指示告诉第一辆车的驾驶员。所以，当车队发车后，第一辆车依然是按原计划的路线行驶的。车队刚开出医院不久，在路口埋伏的普林西普就开始行动了，当他掏出手枪的时候，路边的警察发现并抱住了他。在旁边策应的米哈伊诺拉开了抱住普林西普的警察，挣脱之后的普林西普冲到斐迪南大公的车前，当场连开了7枪。手忙脚乱的大公护卫们抓住了普林西普，但是斐迪南夫妇已经倒在了血泊之中。其中一颗子弹穿透了斐迪南的脖子，当送到医

院时，他已经一命呜呼了。

萨拉热窝事件后，奥匈帝国指责塞尔维亚是幕后主使，并为发动战争提供了借口。渴望战争的德国早就动员了起来，随时准备参加战争。一个月后，奥匈帝国对塞尔维亚宣战。支持塞尔维亚的俄国对奥匈帝国宣战，德国随即宣战。随着战局的扩大，法、英等国也先后参战，自此，第一次世界大战全面爆发。

知识链接

塞尔维亚极端分子为了刺杀斐迪南，准备了3套刺杀方案，并布置了7名刺客。整个刺杀过程非常不顺利，但是充满了巧合，这也从另外一个方面证明了历史的必然。

开启的潘多拉魔盒

1914年，“一战”爆发。德国威廉物理化学及电化学研究所所长弗里茨·哈伯，受国内高涨的民族主义氛围的影响，把自己的研究所变成了为战争服务的军事机构。他从自己的专业领域出发，成为德国毒气研究项目的负责人。经过研究，哈伯认为氯气型毒气弹简单可靠，非常适用于野战，便向军方大力推荐这种武器。

冲动是魔鬼

战争初期，哈伯积极向德军参谋长小毛奇推荐自己的研究成果，但是小毛奇看了他的报告后，回答道：“作为一名军人，我更希望在战场上堂堂正正地做个了断，而不是使用这些下三烂的玩意儿！”

后来，小毛奇因为马恩河战役的失利，被德皇威廉二世撤职。法尔根汉成为德军参谋长，哈伯继续向法尔根汉建议使用毒气。法尔根汉生性谨慎，他将哈伯的报告递交给了德皇。德皇看了之后，很感兴趣，表示要亲自看看毒气弹的效果。一天下午，在德军戒备森严的秘密试验场，德皇在法尔根汉和哈伯的陪同下进入了观察台。落位之后，法尔根汉问道：“实验的对象在哪里？”哈伯拿起桌子上的望远镜递给德皇和法尔根汉，指着几千米远的地

方。法尔根汉和德皇从望远镜里看到了一群家畜被圈在一块草地上，哈伯解释道：“先生们，由于毒气有极强的杀伤性，我们必须要离得远一点。用牛、羊等家畜作为实验的对象，一样可以测试出应有的效果。还有疑问吗？”法尔根汉询问了德皇，德皇点了一下头，表示可以。哈伯拿起电话，说道：“实验开始！”几分钟后，只见远处圈着家畜的地方逐渐冒起了一团高约2米的黄绿色烟雾。过了一会儿，烟雾渐渐散去，只见原来活生生的家畜全部倒在了草地上，有的还在抽搐着四肢。德皇和法尔根汉被眼前的景象惊呆了，德皇回过神来后的第一句话就是：“快，赶快给工业部下达命令，立即开始批量生产毒气弹！”

魔鬼出笼

虽然，德国开始批量生产毒气弹，但是当毒气战计划传达给德军师级指挥官时，遭到了所有指挥官的拒绝。哈伯又开始了他的公关计划。这时，在伊普雷战役中举步维艰的阿尔布雷希特公爵，决定尝试哈伯的建议。1915年

知识链接

弗里茨·哈伯在1918年被瑞典科学院授予了诺贝尔化学奖，表彰他从空气中合成出氨，因为氨是人造化肥的基础原料。但是他发展毒气战的做法让其饱受抨击。

4月，哈伯带着一帮科学家来到伊普雷，指导德军在英法军队结合部的前方构筑毒气发射平台，近6000个毒气弹放在100多个发射平台里。

4月22日黄昏，一阵北风吹来，随之而起的是德军阵地上一股股黄绿色烟雾。顺着北风，这一股股烟雾滚向了英军阵地。悲剧发生了，阵地上的英军士兵开始不停地咳嗽，接着是呼吸困难，许多士兵临死前都抓破了自己的喉管。这就是历史上第一次毒气战，共有15000名英军士兵中毒，其中5000人阵亡。

凡尔登"绞肉机"

第一次世界大战进行到第三个年头，战争像一匹脱缰的野马，交战双方已经失去了对它的控制权。胶着的局面让德军高层极为不满，经过深思熟虑，德军参谋长法尔根汉和他的部下们，决定集中德军所有的机动力量在西线展开攻势，准备一举消灭英、法联军。进攻的地点被定在巴黎东北方向的凡尔登。

措手不及

善于防守的法尔根汉让参谋部调集了德军所有的重型火炮，组建了当时最强大的炮兵阵地。1916年2月21日清晨，德军的炮兵阵地上火光冲天，1200门火炮以每小时10万发的速度倾泻着炮弹。在炮击了12小时之后，德军步兵开始冲锋。至2月25日，德军在4天时间里攻占了凡尔登4个防御阵地中的3个。

法国第二集团军指挥部指挥官贝当正与部下们在沙盘上一起研究战局。这时，一个参谋拿起电话，说道："将军，统帅部的电话。"贝当起身接过电话说道："我是贝当。"从电话里传来霞飞的声音："噢，贝当将军，我是霞飞。现在我直接向你颁布统帅部的人事任命，从现在起，免去你第2集团军指挥官的职务，任命你为凡尔登战区的总指挥，并赋予你最大的行政权力。”

死缠烂打

刚刚接过指挥权的贝当，立即在前线巡视了一遍。所见所闻让他明白，法国军队已经处于崩溃的边缘。许多部队被打乱了，战线上到处有乱窜的逃兵。他拉上一个预备队，成立了宪兵部队专职督战，并召开了高级军官参加的作战会议。

在会上，贝当根据法军的现状，做出了战斗部署。在前线指挥官反对的情况下，依然命令法军在26日，必须拿下杜奥蒙堡，贝当说道：“现在士兵们的士气已经跌到了谷底，作为指挥官，我们必须用胜利来鼓舞士气！不论你们用什么方法，必须拿下杜奥蒙堡，把德国佬的攻势给我止住了！”另外，贝当还积极与大本营联系，要求大本营必须在一周内将法军的预备队送上前线。

从27日起，法军的19万援军进入战场，有效增加了防御力量，改变了战场格局。与之相反的是，德军由于长时间进攻受阻，失去了锐气。加上弹药消耗巨大，后勤部门没有及时将弹药送至前线，从而丧失了突破法军防线的时机。经数月苦战，法军频繁轮换作战部队，与德军反复争夺几个防御阵地。虽然在此期间，德军死守防线，但是由于预备队始终没有投入战场，德军失去了主动权。8月29日，法尔根汉被免职，兴登堡元帅接任德军总参谋长。9月2日，德皇批准停止进攻。12月15日，法军发动反攻，基本收复被德军攻占的阵地。战役至此结束。

山姆大叔粉墨登场

1914年，第一次世界大战爆发，受传统的门罗主义和孤立主义影响，美国总统威尔逊声明保持中立。中立使美国能够向交战双方出售战争债券，从而大发战争横财。但是随着战争的进程，美国也一步步地迈入了战争。

“卢西塔尼亚号”客轮事件

在英国豪华客轮“卢西塔尼亚号”的瞭望台已经有3个人了。特纳船长还是让大副再派人上去，加强警戒，因为德国的潜水艇可能在下面盯上他们了。特纳船长的担心不幸被言中了，“卢西塔尼亚号”已经被德军U−20潜艇盯

上了。当客轮的右舷正好面对潜艇时，艇长施维格上尉向鱼雷手命令道：“开火！”紧接着，一枚鱼雷嘶鸣着从发射管里挣脱出来。

在“卢西塔尼亚号”上的瞭望台上，一名船员发现一条白色的波纹划开海面疾驰而来，连忙拉响了警报。当特纳船长知道情况时，鱼雷已经击中了船体的右舷，客轮很快便发生了倾斜，18分钟后便沉入了海底。这次袭击，共造成1198人死亡，其中包括124名美国人。“卢西塔尼亚号”受袭造成了美国公民的伤亡，从而引发了美国民众的愤怒，美国鹰派势力开始抬头。

齐默曼电报

在世界大战爆发的时候，谁也没有料到，这会是一场旷日持久的战争。战争初期，交战双方的国力鼎盛，他们用大量的现金向美国购买工业原料和军火。因此，美国的经济被战争刺激，呈现出井喷式的增长，各阶层的人们都获益良多。但是随着战争的继续，双方的经济已经处于崩溃的边缘，尤其是协约国，他们糟糕的财政状况，已经无法用现金购买美国货了。

为此，美国国务卿兰辛在国会演说中讲道：“协约国的购买力一旦下降，就必然会影响美国的工业生产。如果生产力下降，就必定会影响企业的盈利，美国的企业遇到这种情况，要么降低雇员的工资水平，要么减少雇员数量。那么，这件事情对于美国社会来说，将会是灾难性的，引发的连锁反应，会摧毁我们的经济成就。所以，我强烈建议国会批准对协约国的贷款法案。”美国为了自己的经济繁荣，准备贷款给协约国，让协约国拿美国的钱来买美国的货。于是，中立政策演变为了经济扩张，美国的金融资本开始进入欧洲。当战争打到了难解难分的时候，美国开始担心，如果协约国战败，几十亿美元将无法收回。于是，大资本家们开始对美国政府施加影响，要求其干预战争的进程。这表明，经济的枷锁已经将美国套在了协约国的战车上。

到了1917年2月28日，威尔逊总统公布了由英国谍报机关截获的密码电报。电报指示：一旦美德交战，德国将组织日本和墨西哥攻打美国。这份电报是德国外交大臣齐默曼发给德国驻墨西哥大使馆的。所以，该事件一曝光，举世震惊。该事件成为美国鹰派开战的借口。再加上“卢西塔尼亚号”客轮事件，让美国民众普遍对德国感到厌恶，当威尔逊政府在4月6日向德国宣战时，得到了美国大多数民众的支持。美国参战，意味着美国开始逐渐摆脱传统的孤立主义思维，开始更多地参与国际事务，并成为主导世界格局的中坚力量。美国的参战，让同盟国多了一个强大的敌人，并加速了战争结束的进程。1918年11月，德国投降，第一次世界大战结束。

遗患无穷的《凡尔赛合约》

第一次世界大战结束后，协约国和同盟国在巴黎凡尔赛宫展开了一场马拉松式的谈判，时间长达6个月，史称巴黎和会。巴黎和会在表面上是为了世界和平，协调各个强国之间的立场，实际上是一场列强之间的分赃大会，是当时强权政治的集中体现。

各怀鬼胎

虽然战争的阴云已经在欧洲大陆上散去，但是由于法国在近一个世纪以来多次遭到德国的侵略，对德国早已恨得咬牙切齿。法国总理克列孟梭认为，法国在战争中损失巨大，必须得到补偿。克列孟梭要求立即处死德国皇帝、解散德国军队、支付战争赔偿以及接手德国原有的海外殖民地。

英国首相戴维·劳合·乔治虽然也同意惩罚德国，但是他的态度却暧昧得多。首先，由于英国的外交传统，他们对欧洲大陆奉行的是平衡政策，不容许欧洲出现一个独大的超级强国。一旦法国的要求全部实现，一个超级法国将会出现在欧洲大陆，这与英国的长久利益不符。其次，作为一名成熟的政治家，乔治深知物极必反的道理，过于苛刻的条件，将会在德国埋下复仇的种子。

美国总统威尔逊则关心的是经济利益，因为在“一战”中，美国的各大财团向交战双方都发行了大量的债券。如今，保证美国财团的核心利益，是威尔逊总统的首要任务。所以，一个苟延残喘的德国，更能符合美国的利益。一个被榨干的德国，是美国政府所不愿意看到的。

分赃大会

1919年1月18日，除了德国、奥匈帝国和产生政权更替的俄国，由38个国家参加的巴黎和会正式开始。

由于战胜国之间的利益诉求不尽相同，这次和会注定将一波三折。在马拉松式的谈判中，每一个决议都要经过一番讨价还价才能通过。私下，各国之间又在进行一场明争暗斗。到了6月份，由英、法、美把持的巴黎和会，在一番讨价还价之后，终于达成《凡尔赛条约》。同时，在德国新一届大选中古斯塔夫获胜，成为新的德国总理。他上台后，首先要解决的便是列强施加给德国的《凡尔赛条约》。古斯塔夫总理决定在国会中举行公开投票，来决定是否接受条约。最终，德国国会以237票赞成、138票反对，接受了《凡尔赛条约》。随后，德国外长赫尔曼·穆勒代表德国政府在条约上签字。

《凡尔赛条约》生效后，

德国除了向协约国支付2000多亿的战争赔款外，还失去了其所有的殖民地。

知识链接

中国作为"一战"的战胜国，在巴黎和会上没有享受应有的权利。中国提出索回被德国强占的山东半岛的主权，但英、美、法不予理睬，反而让日本继承。

愤怒的种子

由于协约国内部的矛盾，在履行《凡尔赛条约》的过程中，德国的工业基础得以保留。同时，由于德军内部强硬派的抵制，许多条约的内容在军队中并没有得到执行。德国军队的骨干，尤其是职业军官体系保存完整。所以，在此后20年，德军的工业科技和军事理论依然能够取得积极的成就。

《凡尔赛条约》将所有责任强加给德国，尤其是苛刻的经济赔偿规定，让民族自尊心极强的德国民众极为不满。而且过高的战争赔偿，让本来就雪上加霜的德国经济不堪承受，大量的德国企业倒闭，百姓流离失所，这为极右翼政治团体的生长提供了土壤。

第13章

“二战”风云

第二次世界大战带给世界人民以无尽的悲痛。战争的灾难给我们留下了难以抹去的伤痕。但在正义面前，纳粹分子最终缴械投降，为他们的罪行付出了应有的代价。

黑色星期二

第一次世界大战结束后，美国经济受战争刺激而空前繁荣。从1922年开始，纽约的华尔街股市居然连续高涨了7年。由于虚拟经济的繁荣，美国上下一片歌舞升平，胡佛总统在新年贺词中甚至讲道："贫民窟将在美国成为一个历史名词！"但是，历史偶尔会跟人开个玩笑。

黑色星期四

1929年10月24日星期四，纽约证券交易所，证券经纪人们在熙熙攘攘的交易厅里来回穿梭着。经纪人约翰刚刚交易完一笔债券生意，便和同为经纪人的朋友麦克一起在休息室里歇息。"麦克，今天收获怎么样？""还行。现在的暴发户太多了，这些家伙见着什么买什么，美钞都快成卫生纸了！"麦克喝了口咖啡嘟囔道。约翰说道："得了吧，麦克。别得了便宜还卖乖，听说你最近可赚了不少！"麦克回答道："才没有呢，我女朋友莎莉可不是省油的灯，天天晚上拉着我去购物！"约翰大笑道："哈哈，我早就跟你说过女人是吸血鬼，你偏不信。现在信了吧？""对了，约翰，你听说了吗？有人说，最近这段时间，股市的泡沫太严重，会有崩

盘的危险。”麦克小声地问约翰。“嗯，我也听说了，据说是几个大学的教授通过演算得出的结论。”约翰接着说道：“我觉得还是小心点好，我入行快20年了，压根就不相信会有永远的牛市。我决定减仓，宁可少赚点，也不能冒这个风险。”麦克听完，思考了一会儿，说道：“我决定听你的。”这时，门外的交易大厅突然变得喧闹起来。约翰走出休息室一看，发现行情显示板上面的数字在不停地翻动着，他随手拉住一个从他旁边走过的人，问道：“伙计，到底怎么了？”就听那人紧张地说道：“我也不知道怎么了，所有人都在抛！全都在抛！”“见鬼！”约翰咒骂道，“麦克，快！快把你手上的存货都抛了！”“我知道！”麦克慌张地答道，他们两人也加入了抛售的大军。

这一天，股市指数下跌之快，连交易行情显示板的数字都跟不上。为了稳定股市，总统胡佛在当天发表文告说：“美国繁荣的经济，是建立在健全的生产供需关系之上的。”

黑色星期二

胡佛总统力图挽救股市的努力，在1929年10月29日这一天化为乌有。这一天，纽约证券交易所内的股票指数直线下跌，股票经纪人不停地抛售手中的股票。而众多投资股市的中产阶级家庭，在不断下跌的数字中破产。由于美国经济的世界老大地位，这次股灾影响深远，危害极大，造成了整个资本主义世界长达10年的大萧条。10月29日这一天正是星期二，所以被历史学家们称为“黑色星期二”。

西方资本主义国家在10年的萧条期里，各自从自身的国家利益甚至是少数人的团体利益出发，贸易摩擦不断，同时又没有好的经济政策刺激全球经济，导致部分国家狭隘的民族主义情绪不断上升，法西斯分子上台。各国之间的怀疑和猜忌，导致军事对抗升温，第二次世界大战一触即发。

飘扬在马德里的国际歌

1936年1月，西班牙人民阵线成立，参加者有左翼共和党、共和同盟、社会党、共产党等。2月16日，人民阵线在选举中获胜，组成联合政府。人民阵线政府实行了一系列改革，包括释放政治犯，宣布各民族有自治权，实施劳动法，进行土地改革等。君主派、大地主资本家及反动军官由于利益受损，便阴谋制造叛乱。

西班牙内战爆发

1936年7月18日清晨，一架由英国人驾驶的飞机从西班牙属地加那利群岛偷偷起飞，升空之后转向东北方向。经过1000多公里的飞行，便神秘地降落在西属摩洛哥的德士安。舱门打开，首先走出来的是一位身披戎装、面带杀气的军人，他就是西班牙加那利驻军司令佛朗哥将军。

佛朗哥虽然是职业军人，但有强烈的政治野心，同西班牙法西斯组织长枪党的关系极为密切。西班牙人民阵线政府成立之后，就将佛朗哥由陆军参谋长贬为加那利群岛驻军司令，迫其远离首都马德里。按照事前计划，佛朗哥于当天下午向报界发表了一个措辞强烈的反政府声明，宣称他将领导西班牙军队摧毁人民阵线政府，阻止西班牙的无产阶级革命，以避免西班牙遭受赤化。佛朗哥的这一声明，标志着西班牙内战的正式开始。

德、意法西斯从7月30日起，公然对西班牙进行武装干涉。他们出动飞机将叛军从摩洛哥运往西班牙。在对待西班牙问题时，英、法、美政府推行的“不干涉”政策，实质上是怂恿法西斯的扩张。

由于叛乱早有预谋，而且是在国际反动势力支持下进行的，所以佛朗哥的军队一直打到了首都马德里的郊区。当时共和国政府实际上已经弃守了马德里，城内的居民，无论是主战派的还是主和派的，多数都认为马德里最终会被佛朗哥的军队占领。1936年11月8日，马德里的居民看到一支肃穆的军队，排着整齐的方阵踏步而来的时候，第一反应还以为是佛朗哥的军队进城了，恐慌眼看就要开始蔓延。

飘扬在马德里的国际歌

马德里街头突然响起了用法语、英语、德语等多国语言唱起的《国际歌》，这是支援西班牙人民反法西斯斗争的第一支国际纵队——国际11旅，来到了马德里。列宁曾经说过：“全世界无产

者，虽然语言不通，但只要会唱国际歌，那他就能在世界任何地方找到同志。”

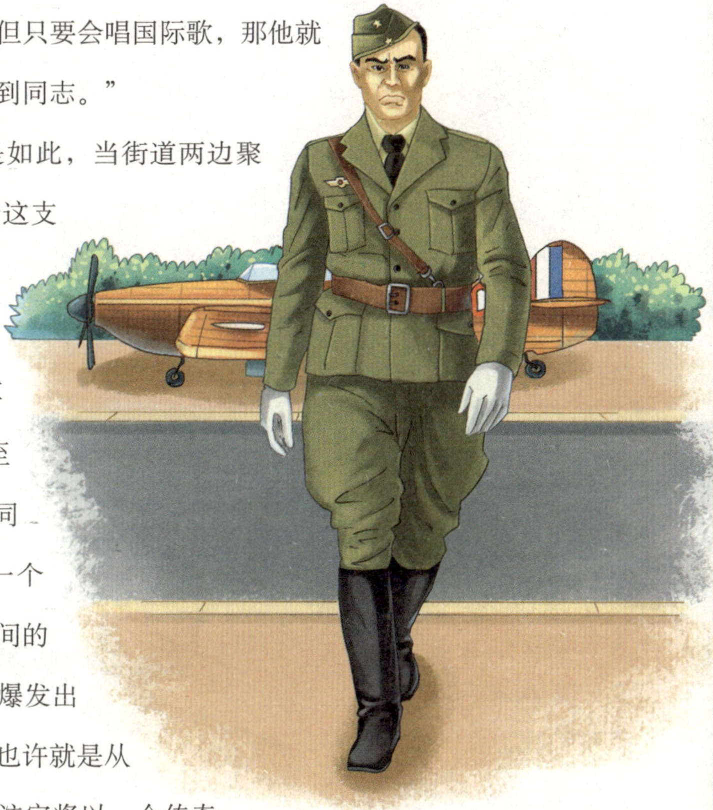

当时的情况正是如此，当街道两边聚集的市民惊恐地看着这支陌生的军队时，这些行进在马德里大街上的拉丁人、日耳曼人、斯拉夫人乃至犹太人，用各自不同的母语，唱起了同一个旋律的国际歌。在瞬间的沉默之后，街道两边爆发出了雷鸣般的欢呼声。也许就是从这一刻起，国际纵队注定将以一个传奇被记录在史册上。

然而传奇的背后并不总是浪漫，通过马德里大街的11旅直接开上了前线。在以后的48小时内，该旅几乎减员一半。紧接着，匆忙组建的国际第12旅，在匈牙利作家马泰·扎勒卡的率领下，于11月12日也来到了马德里前线，并立即投入了战斗最激烈的大学城方向，并迎头撞上了佛朗哥的主力部队。在随后的一个月里，这个旅的人员基本轮换了一遍，其中阵亡达到40%。

国际纵队的奋战，打破了佛朗哥军队中最精锐的外籍部队不可战胜的神话。在国际纵队的支援下，匆忙成军的西班牙人民军和马德里市民终于顶住了叛军对马德里城市的正面攻击。一个月后，佛朗哥放弃了正面夺取马德里的计划。

虽然西班牙革命最终被法西斯残酷镇压，但是国际纵队的战士们表现出了非凡的军事素质，无所畏惧的战斗精神。1938年10月，根据西班牙共和国政府的决定，国际纵队开始陆续撤出西班牙。

知识链接

在国际纵队中，有100多名中国人，其中多半是共产党员。周恩来、朱德和彭德怀同志还送了一面锦旗给参加国际纵队的中国志愿军战士，上面写着：“中国人民联合起来，打倒人类公敌法西斯！”这面锦旗一直珍藏在中国革命博物馆。

慕尼黑会议

德国纳粹党上台后，很快稳定了国内经济，军工产业也开始复苏。希特勒的战争思维开始侵蚀德国的政治体系。通过5年多的策划，纳粹德国不费一枪一弹便兼并了奥地利。在此期间，英、法等传统西方强国，并没有制止德国的行为，反而推行绥靖政策。尝到甜头的希特勒，立即将目标对准了捷克斯洛伐克。

志在必得

时间
公元1938年
地点
德国

因为捷克斯洛伐克不仅与苏联接壤，还与德国的下一个目标——波兰相邻，所以希特勒志在必得，他一方面继续玩弄外交手段，另一方面调遣军队布置在与捷克斯洛伐克接壤的边境。

希特勒利用捷克斯洛伐克国内的民族矛盾，在苏台德问题上大做文章。1938年9月12日，在德国纽伦堡的集会演讲中，希特勒讲道：“同胞们，当你们坐在沙发上品尝优质的咖啡时，当你们在餐桌上与家人们快乐地用餐时，当你们周末乘坐小车在郊外游玩时，你们知道不知道在捷克斯洛伐克，在苏台德，有几百万日耳曼人正生活在水深火热之中？仅仅因为他们是日耳曼人，他们在捷克斯洛伐克就找不到工作，儿童就不能到学校读书。对于捷克斯洛伐克政府的不作为，作为德意志的国家元首，我有义务为生活在苏台德的日耳曼人伸张正义！”这场演讲，通过广播在全德国直播，煽起了广大德国民众的民族主义情绪。

就在希特勒演讲的当天晚上，一场蓄谋已久的武装暴动在苏台德地区爆发。由于德国的过分渲染，国际社会对于此次事件极为关注。这正是纳粹德国的外交意图，利用西欧国家上到政客、下到百姓对战争的恐惧大做文章。

一场闹剧

苏台德的武装暴动发生几天后，英国首相张伯伦飞到德国，协调解决冲突。张伯伦轻信了希特勒的花言巧语，发表声明，表示苏台德地区将会实现高度自治。张伯伦的声明让捷克斯洛伐克政府无法接受。但是英国政府拉上

法国，对捷克斯洛伐克共同施压，胁迫其答应了割让苏台德地区。

但是，英法两国的举动，并不能满足希特勒的胃口。希特勒再次提出其他的领土要求，这次则是捷克斯洛伐克的近半国土。英法两国居然又站在了纳粹德国一边。但是，捷克斯洛伐克政府表现出了极其强硬的立场。希特勒拿出了准备好的大棒，发出了战争威胁。这时候，希特勒的铁杆盟友墨索里尼跳了出来，表示意大利愿意作为调停人，协调各国间的分歧。于是，臭名昭著的慕尼黑会议在德国慕尼黑召开了。德、意、英、法、捷5个国家的代表参加。但捷克斯洛伐克政府的代表居然不能进入会场，只能眼睁睁地看着自己的国家被列强出卖和瓜分，然后再被迫接受他们的协定。

慕尼黑会议结束后，当张伯伦回到伦敦，在议会会议上挥舞着《慕尼黑协定》，宣称：“我为欧洲和世界带来了和平！”实际上，正是英法等国的绥靖政策，分化了欧洲的政治版图，同时，让希特勒的政治野心进一步膨胀，也将欧洲进一步拉向了战争深渊。

知识链接

《慕尼黑协定》的主要内容：苏台德地区归德国所有；释放有关苏台德自治问题的政治犯；对于捷克与德国有争议的领土，由德、意、英、法、捷5方共同托管，并在该地区进行全民公决，决定其归属。

德国入侵波兰

相继吞并奥地利与捷克斯洛伐克，希特勒变得肆无忌惮。波兰由于在第一次世界大战中是战胜国，获得了德国的一部分领土。现在，这成了纳粹德国提出领土要求的借口。面对德国的领土要求，法国和英国不再一味退让，先后与波兰签订军事盟约。战争一触即发。

恶魔的闪电

在英国和法国表明态度后，希特勒决定诉诸武力解决问题。在动武之前，纳粹德国利用苏联的政治野心，与其签订互不侵犯条约，并秘密约定一起瓜分波兰和波罗的海国家。面对德国抛出的大蛋糕，苏联人动摇了，并许诺一旦德国出兵，苏联也将出兵波兰。稳住了苏联人，纳粹德国也就少了一分顾忌，开始磨刀霍霍。

早在德国进行一系列外交动作的同时，德军参谋部就已经开始筹划入侵波兰的计划。当德国做足了表面文章之后，纳粹德国的一帮天才将领们才登上舞台。1939年9月1日，德军越过德、波边境线，突袭波兰。德国空军大规模轰炸波兰的战略要地，波兰空军很快便丧失了作战能力，一线的炮兵阵地与军营也被摧毁。紧接着，现代装甲战理论奠基人古德里安率领他的装甲部

队冲向波兰军队。他将自己的装甲部队聚在一处，利用坦克的冲击力和火力对敌方阵地进行重点打击，同时，攻克目标之后，不做停留，立即进行下一步的攻击，不给敌方任何喘息的机会。这种创新的打法，创造了新的战争模式，被称之为“闪电战”。面对德军占据优势的武器装备以及新颖的战术，波兰军队不堪一击。仅仅4天时间，波兰的王牌军团“波莫瑞”集团军便被歼灭，举世震惊。9月3日，英、法相继向德国发出最后通牒，德国不予理睬。9月4日，英、法发布公告，正式对德宣战，第二次世界大战爆发。

魔鬼出笼

当波兰军队与德国军队苦战时，英、法虽然对德宣战，却都按兵不动。战争爆发半个月后，德军便兵临波兰首都华沙。波兰政府和波兰军队的指挥

部很快撤离了波兰本土，在罗马尼亚成立了流亡政府。这时，苏联撕下了伪装。9月17日，苏联红军开始从东部入侵波兰，在已经摇摇欲坠的波兰身上压上了最后一根稻草。10月2日，波兰军队停止了抵抗，波兰战役结束。

仅仅一个月时间，德国便让欧洲的一个中等强国俯首称臣，希特勒在国内的威望进一步提升，希特勒被纳粹宣传机构进一步神化，尤其对于经历了“一战”耻辱的德国民众来说，希特勒成了德意志复兴的救世主。而在西欧，英法百万联军隔岸观火，坐视波兰被纳粹德国攻陷而不救。这时候的德国军队，远远称不上强大，装甲部队普遍列装的是中型坦克，而英法军队装备的是重型坦克，德军的战机数量也没有英法联军多。而号称世界第一陆军的法国军队却躲在马其诺防线后，坐视德国一步步做强做大。苏联与德国瓜分波兰后，又占领了立陶宛、爱沙尼亚和拉脱维亚，从而拥有了波罗的海的入海口。但是，苏联、英国和法国在今后一年多的时间里，均为现在的短视行为付出了巨大的代价。希特勒像魔鬼一样，带领纳粹德国走出了囚笼，吹响了德国战车冲锋的号角。

“沙漠之狐”隆美尔

隆美尔是第二次世界大战中德国最著名的将领之一。由于在北非战场中的一系列惊人的战绩，加之德国媒体和盟国媒体的疯狂宣传，他变成了一个具有传奇色彩的军事将领，被后人誉为“沙漠之狐”。

初露锋芒

埃尔温·隆美尔，1891年11月生于德国布伦兹的海登海姆，是第二次世界大战中德国最著名的将领。

隆美尔年轻时的志向是当一名工程师。可是父亲却认为当时的德国忙着争夺世界霸权，当兵是年轻人出人头地的大好机会。

当兵后不久，隆美尔就被送到但泽(今波兰重要港市)皇家军官候补生学校。这对隆美尔来说无疑是幸运的，他把大部分时间都用到了完成军事科目上。毕业时，他的校长评价他是位“能干的军人”。

1914年，第一次世界大战的战火被点燃了。隆美尔在长达4年多的残酷厮杀中，先后3次负伤，终于获得渴望已久的德皇威廉二世授予的功勋奖章。

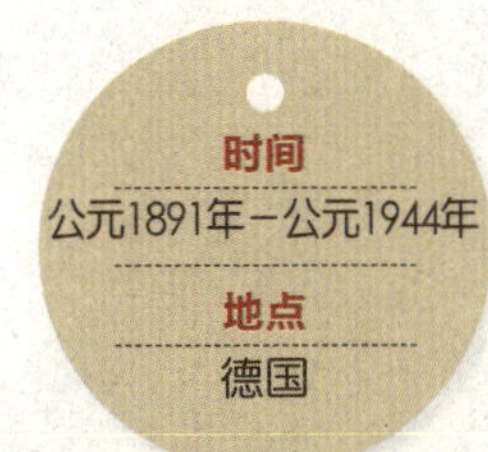

1935年，隆美尔被派往波茨坦，就任新的波茨坦

陆军学院教官。任教期间，他结合自己的讲课记录，写出了一本颇为生动的书——《步兵攻击》，完整记述了自己在第一次世界大战中的战斗经历。

辉煌战绩

1940年5月10日，希特勒发动了蓄谋已久的侵略战争。隆美尔被任命为第四军团第七装甲师师长。

当时的德国，还没有完全机械化，少量的装甲师无疑是陆军总司令部的心肝宝贝。隆美尔没在装甲部队干过，这一任命引起了很多人的反对。他很不服气，决心以实际行动证明自己是称职的。

隆美尔施展才华的机会不久就来了。在对法战争中，他的“魔鬼之师”共俘虏97648人，缴获炮291门，坦克和装甲输送车458辆，其他车辆3500

辆。而他的部队仅阵亡682人，伤1646人，失踪296人，损失坦克42辆。

墨索里尼见德国打了胜仗，认为自己也有利可图，就一面出兵北非，一面向英、法宣战。谁知意军遭到了英军的反攻，10个师被歼。德军见意大利吃了亏，就派人去援救他们。隆美尔于是被任命为援救意军的非洲军军长，后来又被任命为前线总指挥。

在英军看来，德国前来支援的兵力很少，所以他们把王牌第七装甲师撤回了埃及。隆美尔抓住这一时机，采取了大胆的进攻行动，给了英军以意想不到的打击。

之后，隆美尔一鼓作气，指挥德军把英军逼退到了托卜鲁克这一要塞。经过一段时间的拉锯战后，德军才攻克托卜鲁克。希特勒为了奖赏隆美尔，把他提升为元帅。当时的隆美尔只有49岁。

因为隆美尔指挥作战非常灵活，能够根据沙漠地形、气候等特点用兵，并且常常从被动变为主动，以少胜多，所以人们称他为“沙漠之狐”。

没有审判的死刑

1944年7月20日，德国反希特勒组织策划了一起刺杀希特勒的行动，最后失败了。不少人因这件事情受到牵连，隆美尔也包括在内。

8月12日，密谋刺杀希特勒的主要成员被捕，从他手上缴获的有关文件上有隆美尔的名字。随后，又有人指证他参与了此次谋杀。不久，隆美尔的助手被一个个地抓走了，他自己的住处也被监视起来。当得知自己已经成为密谋集团的替罪羊时，他绝望地吞下了毒药。当晚，德国对外发布公告，隆美尔因突发脑出血不幸逝世。

莫斯科保卫战

在不列颠空战中，纳粹德国在英勇的英国人面前碰了一鼻子灰，但他们的野心并没有被遏制。希特勒的最终目标其实是苏联，为了掩饰他的真实目的，他继续在外交上释放烟幕，与苏联的合作条约不停地出炉，例如《德苏互不侵犯条约》。而在暗地里，希特勒却将主力部队从西线转移到了东线……

血的代价

1941年6月22日凌晨3点，寂静的苏联西部平原，3颗红色信号弹发出凄厉的呼啸，划破夜空，成千上万门大炮朝着东方齐声怒吼——潜伏在苏联国境线西侧的德军坦克瞬时践踏了沉睡的大地，猛烈地摧毁无辜的村庄。残酷的战争在苏联人毫无防备的情况下突然降临。

在这之前，希特勒用了两个星期让他的邻居波兰屈服于强大的德军。为了准备这次对苏联蓄谋已久的进攻，希特勒则故意示好，不仅和苏联签订了和平条约，还和苏联进行贸易活动。苏联人虽然不相信德国人会和自己友好下去，但也希望利用和德国的协定，争取时间做好战争的准备。

德军分成北、西、南3个集团军群沿着1800千米长的边界线向苏联突击，苏联红军仓促应战。当德国的飞机像蝗虫一样密布在苏联的上空，把一枚枚炸弹砸向各个战略目标的时候，苏联的飞机竟在4个小时之后才接到起飞战斗的命令。于是，半数的飞机还没有来得及起飞，就被德军的飞机炸毁了。德军很快取得了制空权。

当时，苏军的坦克和飞机有一半以上是旧式的，而德军在坦克、航空兵以及摩托化步兵方面的优势非常明显。短短4个月的时间里，苏联丧失了1/4的国土，70万士兵被俘，1000多架飞机被击毁，北方重镇列宁格勒被围，南方高加索地区的能源基地巴库油田和顿巴斯煤田即将落入敌手。而德军的下一个目标就是苏联首都莫斯科。

无路可退

1941年10月2日，德军将领费多尔·冯·博克指挥的中央集团军群开始进攻莫斯科，“台风行动”是他们的代号。

德军很快突破了苏军的防线。但是，随着天气变冷，雨水使路上到处都是泥沼，德军一时无法进攻，只好等大地封冻。这让苏军赢得了宝贵的喘息时间。

10月底，苏军新的预备队陆续赶到。德军被迫调整部署，开始对莫斯科实施空袭。他们空袭了31次，但只有少部分飞机闯入莫斯科上空，大部分飞机被莫斯科防空部队击落。

当时，莫斯科城里流传着这样一句口号：“俄罗斯虽大，但是我们已经无路可退，因为我们的身后就是莫斯科！”除了战斗在第一线的军人，苏联政府还动员了所有莫斯科市民参加保卫战斗。妇女们成了挖城外防御工事的主力，城内也做好了修筑工事堡垒甚至展开巷战的准备。

11月7日，苏联仍然在莫斯科红场举行了历史上最特别的一次纪念十月革命的阅兵式。一队队从后方调集来的苏联红军荷枪实弹、士气高昂地通过检阅台，然后直接奔赴前线。全国上下，会场内外，群情激昂。在这最危险的关头，苏联全体人民众志成城，誓死保卫莫斯科。

大反攻

1941年的冬天，是一个异常寒冷的冬天。从北冰洋吹来的刺骨寒风让士兵们脸上的汗水立刻结成冰，纷纷扬扬的雪花把大地银装素裹起来，也让血水横流的惨相更加触目惊心。湖面上结成的冰有几米厚，坦克、车辆可以在上面畅行无阻。

就是这样的气候给侵略者造成了很大的麻烦。希特勒要在冬天之前结束战争的妄想被彻底粉碎，因为德军并没有准备度过严冬的装备。没有厚棉衣，冻伤的士兵人数远远超过战斗中受伤的人数；缺少汽油，德军坦克成了一堆堆废铁。一时之间，死亡的德军越来越多，不可一世的德军士气空前低落。而同时，苏联红军却从后方调来了大量部队，工厂生产的飞机、坦克、大炮也被源源不断地运到了前线。

知识链接

莫斯科保卫战最后以德军死伤50万、9万人被俘、成千的坦克飞机损失而告终。苏联红军也付出了牺牲近70万人的惨痛代价。这场战争为斯大林格勒战役即“二战”的转折奠定了基础。

1941年12月，苏联红军向侵略者展开了大反攻。准备充分、士气高昂的苏联红军迅猛出击，把围困莫斯科的德军打得惊慌失措。莫斯科保卫战终于赢得了胜利。

斯大林格勒战役

莫斯科保卫战结束后，由于苏德双方的战斗人员损耗严重，双方都没有发动大规模的进攻，战斗呈胶着状态。德军统帅部正酝酿着新的作战计划时，日本突袭珍珠港，美国正式对轴心国宣战。美国的参战打乱了德军的部署，为了削弱苏联国力，德军将目标锁定在斯大林格勒。

这里的黎明静悄悄

斯大林格勒是苏联的工业重镇，而且，在它西部的高加索等地区，是苏联煤炭、石油和粮食的重要产区。因此，斯大林格勒的战略地位十分重要。由于德国本土的资源比较匮乏，一旦占领了斯大林格勒，将会给德国带来无尽的利益，并能切断苏联战略资源的供给。德军最高统帅部将目标确定为斯大林格勒后，对现有的主力部队进行了重组，将原有的部队分为了A、B两个集团军，分别从哈尔科夫和库尔斯克两个方向向斯大林格勒进军，意图用钳子般的攻势死死地夹住斯大林格勒。

就在德军谋划之时，苏联红军也在积极备战。此时，苏联红军将主要的兵力集中在了莫斯科前沿，准备通过积极的防御来抵消德军的进攻。苏联著名将领铁木辛哥向斯大林提出了西南计划，也就是由他指挥的西南方面军向德军发动战略反击。但是，这项计划在苏军大本营引起了极大的争论，不少苏联指挥员认为这是一次冒险。但是，斯大林决定实施这一计划，因为该计划一旦成功，将会有机会将德军赶出苏联本土。于是，苏联部队开始向预定的目标——哈尔科夫区域进行集结。

双方为了各自的计划，厉兵秣马。因此，在上千千米的战线上，出现了暂时的停火。一场大战即将在静悄悄的黎明中拉开序幕……

兵临城下

1942年5月8日，德军三大名将之一的曼施坦因上将，率领德军发起了进攻。这次进攻再次体现了德军快、准、狠的特点，仅仅一周的时间，乌克兰南部就失守，近20万苏军被歼灭。5月17日，苏联元帅铁木辛哥指挥45个师也在哈尔科夫发起了攻势，但是这次战略冒险却遭遇了巨大的失败。数十名高级将领阵亡，30万苏军被德军歼灭。德军通过这次战斗，大幅削减了苏军的有生力量，从而

拥有了战场主动权，而且顺顿河方向，稳步向斯大林格勒方向推进。

等到顿巴斯盆地被德军占领后，苏军才认识到，德军的攻击目标是斯大林格勒。斯大林命令铁木辛哥立即组建斯大林格勒防线。到了7月份，苏德两军的交战已经成白热化，双方在斯大林格勒外围区域进行厮杀。进入8月后，苏军显露颓势，阵地大片丢失。为了挽回不利的局面，斯大林做出了一个极为重要的人事调动，朱可夫出任斯大林格勒方面军总司令。

朱可夫接手后，并没有立即扭转局面，德军还是攻入了市区。战役中最惨烈的阶段开始了。交战双方都意识到这场战役将决定战争的走向。因此，每一场战斗都十分激烈。在市里的一栋4

知识链接

历时半年的斯大林格勒战役，是公认的改变“二战”进程的战役，是“二战”的转折点。双方的累计伤亡人数超过200万，斯大林格勒战役也因为这个血腥的数字而记录在了战争史上。

层楼高的公寓楼里，由中士巴普洛夫率领20余名战士进行守卫。巴普洛夫带领战士们，先将地雷设在大楼的周围，作为外围防御。同时，收集了大量的机枪和手榴弹，用来对付冲进来的德军。就这样，巴普洛夫带领战士们坚守了58天，最后只有6名战士幸存，整栋楼房也只剩下了一面墙。这就是著名的巴普洛夫大楼。在充满瓦砾的城市里，坦克部队失去了应有的作用，所有的战斗都靠单兵战斗去解决。

就在这种血腥的战斗中，德军的锐气逐渐被苏联人消磨掉，这场开始于夏季的战役，也进入了冬季。失去锐气的德军先是被苏军反包围，更为可怕的是苏联寒冷的冬天。到了12月份，气温已经降到零下45度。德军的非战斗减员极为严重，莫斯科保卫战时的悲剧再度上演。而苏军的战略预备队却源源不断地投入战场，德军的气数已尽。1943年2月2日，德军全部投降，斯大林格勒战役结束。

孕育胜利的撤退

二战爆发后，德军所向披靡。仅10多天时间，德国装甲部队就横贯法国大陆，直插英吉利海峡岸边。英法联军事实上已经被包围在法国北部的佛兰德地区，40万英法联军开始全部集中向敦刻尔克撤退，西面的英吉利海峡成为联军绝处逢生的唯一希望。

当德国军队从西、南、东三个方向敦刻尔克步步紧逼，德军最近的坦克离这个港口仅16千米，5月24日德军却接到了希特勒亲自下达的停止前进命令。这个命令执行的结果是，英法联军在当面的德军B集团军群的压迫下向敦刻尔克撤退，而截断他们退路的A集团军，却在敦刻尔克以西的运河地区停止进攻，并没有集结兵力沿着海岸包抄，这给了英法联军一个机会。

现在联军在为生存而战，5月26日英国海军下令代号为“发电机”的撤退行动。英国政府调集了所有能抽调的军舰，无数渔民和私人船主也应召而来，他们驾着驳船、货轮、汽艇、渔船，甚至花花绿绿的游艇。冒着德国飞机、潜艇和大炮的打击，往返穿梭于海峡之间。

撤退从5月26日开始进行，至6月4日结束，共历时9天。此次撤军共有

338226人从敦刻尔克撤到英国，其中英军约21.5万人，法军约9万人，比利时军约3.3万人。为盟军日后的反攻保存了大量的有生力量，创造了二战史上的一个奇迹。

知识链接

敦刻尔克大撤退，为盟国保留下一批经过战争考验的官兵。其意义就在于，英国保留了继续坚持战争的最珍贵的有生力量。正如丘吉尔在6月4日向议会报告敦刻尔克撤退时所说：“我们挫败了德国消灭远征军的企图，这次撤退将孕育着胜利！”

中途岛海空大战

珍珠港事件后，美国太平洋舰队损失惨重，虽然航空母舰没有受到损伤，但是主力战斗舰悉数被毁，日军在实力上占据着绝对优势。为了提升士气，美国太平洋舰队奇袭了日本东京。日本内阁恼羞成怒，要求海军部拿出方案，尽快消灭美国太平洋舰队。

加强防卫

1942年4月，美国轰炸了东京。随后，日本军方迅速确定了新的进攻方向——中途岛。在他们看来，占领中途岛可以夺取航空兵的前进基地，引诱并歼灭美国太平洋舰队。为此，他们调集了几乎全部主力舰艇。

时间
公元1942年
地点
中途岛

可是，他们哪里会想到，美军已经破译了他们的电报密码。在掌握了他们的动向后，美国大大加强了在中途岛的防卫。

残酷的搏杀

1942年6月4日凌晨，美国海军军官霍华德·艾迪中尉坐在一架“卡特林娜”式水上飞机里，激动地打开发报机的开关：“发现敌舰！发现敌舰！……方位320度，航向135度……”一时间，中途岛上所有的警报都尖叫

起来。

4点30分，日军的飞机呼啸着飞向中途岛。指挥官南云以为“愚蠢的美国兵可能还在睡大觉”，他赶紧把这一“大好形势”报告给了大本营。当日军飞机进入美军防卫圈后，南云才发现自己错了。因为他们遇到了美军飞机。但日军的“零”式飞机战斗性能良好，美军地面的指挥部和电站相继被炸毁。中途岛燃烧起来。

7点10分，美军的6架“复仇者”式鱼雷机和4架B－26中型轰炸机开始实施攻击。日军舰队立马迎上。

9点20分，约翰·沃尔德伦海军少校发现一支庞大的日本舰队。当时，他指挥的第八鱼雷攻击机中队在战斗中同护航的战斗机失散了，沃尔德伦赶紧发报：“发现敌舰踪迹，请求加油后再攻击！”可他得到的却是冷酷无情的命令：“马上攻击！”于是，15架鱼雷机在没有战斗机护航的情况下向日本舰队发起了攻击。但鱼雷机根本不是“零”式飞机的对手，15架鱼雷机全部被击落。

出其不意，以牙还牙

正当日军为空战胜利高兴不已时，美军的两支俯冲轰炸机大队突然一前一后出现在日本舰队的上空。

这一切完全出乎日军意料。只见美机上的一颗接一颗的重磅炸弹呼啸而来，日军航空母舰“赤城号”被打中，引爆了舰上的炸弹、汽油桶和鱼雷，“赤城号”沉没。没多久，3.8万吨级的“加贺号”航空母舰也在两声山崩地裂的大爆炸后沉入太平洋底。美军受到了鼓舞，17架轰炸机又将炸弹准确地击中了1.59万吨级的“苍龙号”航空母舰，“苍龙号”顿时变成了“火”舰。最后，日军的“飞龙号”航空母舰也被击沉。这4艘曾参加过偷袭珍珠港的“名舰”，至此全部沉入冰冷的大洋之中。

日军见败局已定，只好匆忙撤退

中途岛战役，是世界海战史上以少胜多的典型战例，使妄自尊大的日本海军的自信遭到了无情的打击。在太平洋战区，日本开始丧失战略主动权，战局出现有利于盟军的转折。

抢滩诺曼底

盟军在西西里岛登陆后，犹如在希特勒的纳粹德国胸前钻了一个钉子，让他极为难受。但盟军的行动并没有结束，他们即将展开更大规模的登陆行动，对纳粹德国展开致命一击。1944年，一个名为“霸王”的计划即将实施……

战前迷魂阵

斯大林格勒战役后，苏军和德军的厮杀仍然没有停止。斯大林见自己势单力孤，要求英国和他们一起对付德国，可是当时美国还没有参加进来，英国也只敢搞点小动作。直到1943年5月，英国和美国在华盛顿召开了会议，决定于第二年5月横跨英吉利海峡，在欧洲大陆实施登陆，开辟第二战场。他们把登陆的地点选在了诺曼底。

为实施这一大规模的战役，盟军集结了多达288万人的部队，任命美国艾森豪威尔为总司令。大战在即，盟军布开了“迷魂阵”：一系列的道具“登陆艇”“弹药库”“飞机”“大炮”被布置在英国东南沿海一带；法国加莱海岸的详细地图由盟军谍报人员在各中立国到处收集；沿海显眼的地方制造起了“油船码头”，还配备了发电厂和贮油罐，等等。种种迹象表明盟军是要进攻加莱……消息传到德军指挥部后，德军立即把最精锐的15集团军集中到这一地区，由隆美尔指挥。

激战滩头

1944年6月6日凌晨，载着3个伞兵空降师的3000余架英美运输机、滑翔机，从英国20个机场起飞，目的地是法国的诺曼底海岸。4000艘舰船和无数的登陆艇，也悄悄地驶出了英国南海岸基地。

这时，沉浸在梦乡中的德军仍然蒙在鼓里。盟军的空降伞兵首先登陆了，他们的任务是阻止敌预备队的增援，并从侧后攻击德军海岸防御阵地，协助海上登陆。

黎明时分，英国皇家空军1136架飞机投下了5853吨炸弹，炸毁了德军海岸10个堡垒；美军第八航空队1083架轰炸机也对德军海岸防御工事投下了1763吨炸弹。德军被炸蒙了。由于仓促出动，又没有步兵支持，德军的坦克部队被英军轻而易举击退了。当天下午，德军师长费希丁格闻讯赶回师部，集结所属部队开始发动攻击，一下子打在了盟军的要害上，形势看起来又有了转机。可正当德军的21装甲师趾高气扬地行进着

的时候，盟军的500架运输机从德军的头顶上飞了过去。费希丁格以为是盟军的空降伞兵要前后夹击他们，赶紧放弃反击，匆忙后撤。其实，那些运输机是为英军第六空降师运送后续部队和补给的。

希特勒得知这一消息后，赶紧派出装甲师支援诺曼底，命令“必须在傍晚前消灭登陆敌军，收复滩头阵地……”但是，一切都已经来不及了！希特勒所吹嘘的“大西洋铁壁”被突破了！傍晚时分，登陆的盟军已经在诺曼底建立了牢固的阵地。深夜，盟军的部队陆续上了岸。随后，盟军在诺曼底的几个滩头连接成了一条阵线。

诺曼底登陆后，宣告了盟军在欧洲大陆第二战场的开辟，使德国陷入了苏联和英、美盟军东西夹击的铁钳中，加速走向了灭亡。在德国无条件投降后，美军又把主力投入太平洋，对日全力作战，加快了第二次世界大战的结束。

知识链接

诺曼底登陆战役为组织实施大规模登陆作战提供了有益经验。斯大林高度评价了诺曼底登陆战役，他说：“历史将把这一业绩作为一项最高的成就记载下来。”

日本上空的蘑菇云

1945年，德国投降后，只剩下日本还在负隅顽抗。日本军国主义分子不甘心自己的失败，号召全体国民为天皇而战，为日本而战，甚至组建了自杀性质的神风特攻队和人体鱼雷。美军越接近日本本土，日本军队的抵抗越激烈，往往战死至最后一人，也决不投降，美军的伤亡人数连续攀升。日军的行为，让美国做出了一个改变人类历史进程的决定。

曼哈顿计划

“二战”爆发后，纳粹德国在核能领域的研究领先世界，有情报显示，他们正在开发核武器。为了不甘于人后，在罗斯福总统的大力支持下，美国于1942年6月启动了曼哈顿计划。3年后，也就是1945年7月15日，人类历史上的第一颗原子弹试爆成功。就在这时，美军在太平洋战场虽然不断地取得胜利，但是伤亡人数却在节节攀升。美军参谋部提交白宫的报告上说，如果要攻入日本本土，美国军队的伤亡人数将会超过100万。通过权衡，杜鲁门总统命令，将刚刚研制成功的原子弹投入实战。

与此同时，在犹他州的一处禁区，美军王牌轰炸机飞行员保罗·蒂贝茨上校正在带领一班优秀的轰炸机驾驶员进行训练。当B－29轰炸机在机场上降落后，一名勤务兵对刚刚走下飞机的保罗敬了一个礼，然后说道：“长官，柯蒂斯将军在办公室等您。”“好的，我这就过去。”保罗回礼后说道。

在基地办公室内，美国战略空军参谋长柯蒂斯·梅勒严肃地看着保罗，而保罗的眼神里则有一丝激动。“我想，你知道我找你来的目的了，保罗。”柯蒂斯将军说道。“不，将军。我不会随意猜测上级的任何想法。”保罗干脆地回答道。“很好。”柯蒂斯将军顿了一下，然后拆开面前的一个文件夹，接着说道：“总部决定对日本进行原子弹轰炸，行动代号‘酒涡82’，并由你们509飞行大队执行该作战计划。这是总统亲自下的命令，你和你的飞行中队将会转移到太平洋的马里亚纳群岛。从现在开始，你们将不能有任何疑问，对任何命令只有执行的权利。”“明白！”保罗激动地回答。

从天而降的“小男孩”

1945年8月6日凌晨，保罗带领他的中队人员来到了机场，共有6架B－29轰炸机停泊在机场上。其中，有一架飞机的前部用油漆喷涂着“埃罗拉·盖伊”这个醒目的名字。这正是保罗的座机，他用母亲的名字给战机起了名字。

凌晨2点左右，保罗命令全体人员进入准备状态。临近起飞前，一名军官匆忙地跑到保罗的座机前，递给了保罗一个铁盒子。保罗打开盒子，发现是12颗氰化钠毒药，12名机组人员正好一人一颗。保罗默默地将小盒子放进上衣口袋，然后用对讲机讲道："酒涡82呼叫塔台，已经做好起飞准备！""酒涡82，你们现在可以从A跑道起飞，祝你们一路平安！"接到命令后，保罗率队起飞。

早上7点30分左右，在前方的侦察机传回了广岛、小仓和长崎的气象情报。3个候选目标的气象条件都符合投弹条件。接到情报的保罗在思考之后，对领航员说道："目标，广岛！"8点10分，轰炸机编队已经接近广岛，保罗启动战斗预警程序。飞机进入9000米的高空后，保罗命令投弹。投弹手菲尔·阿比瞄准目标后，通知保罗："目标已经校对完毕！"保罗在驾驶室按下了投弹按钮，原子弹"小男孩"从飞机上落下，时间为8点15分。投弹后，保罗像往常训练那样，迅速操纵飞机掉转155度，俯冲下来，离开了投弹区域。45秒后，"小男孩"在600米的高空爆炸。当天，广岛就有7万人死亡，随后几十年里，还有许多人陆续死于核辐射造成的疾病。

广岛遭受袭击后，日本军部拒绝投降。3天后，509飞行大队将第二颗原子弹投到了长崎，再次造成数万人伤亡。6天后，日本裕仁天皇宣布无条件投降。第二次世界大战结束。

最终的审判

经过200多天的审判，纳粹分子最终得到了应有的惩罚。另外对德国来说，纽伦堡审判是黑暗历史的结束，也是同纳粹分子的过去划清界限的开始。此刻，德意志民族开始了对历史的反省。

远东国际军事法庭

第二次世界大战后期，盟国的胜利已成定局。中、美、英、苏主要盟国一致认为，为了人们不再遭受战争的祸害，必须严惩相关罪犯。

1945年11月20日，德国纽伦堡设立了欧洲国际军事法庭，19名被捕的纳粹战犯被审讯。1946年1月19日，盟军最高统帅麦克阿瑟又发布通告，宣布在东京设立远东国际军事法庭，并公布《远东国际军事法庭宪章》。盟军总部直接管辖该法庭及国际检察处，法官和检察官是在11个参战国（中、美、英、苏、法、澳、加、新、荷、印、菲）中挑选出来的。

当时，西方国家挑起的冷战已经露出了苗头。审判之前，美方故意迟迟通知苏方，等苏方的人匆忙赶到时，检察局已挑出26名甲级战犯作为第一案审理。苏方要求在第一案审理中增加5人，可是麦克阿瑟只答应再增2人。法庭内外，百余名美国人在一手操办，而其他国家派去参加的人却很少。

重点案件

1946年5月3日，远东国际军事法庭开庭。中国首席法官梅汝璈先生郑重地指出："南京大屠杀是日军在第二次世界大战中最突出的罪行，是现代战争史上破天荒的残暴纪录，在人类文明史上绝无仅有。"

在南京大屠杀中，日本人凶残地屠杀了30多万人，把南京变成暗无天日的人间地狱。他们到处杀人、放火、抢劫和强奸妇女，连妇孺也不放过。来自不同国家的证人当庭述说了目击日军在南京所犯的种种残忍无比的罪行。各国法官非常重视，花了20天的时间来进行审讯。

所有人的目光都转向了甲级战犯松井石根。他是日军华中方面军司令官，对南京大屠杀罪行负有不可推卸的责任。可是，在法庭上，松井石根却装出一副可怜相，说自己对整个事件一点儿也不知情，还说自己当时在养病。事实上，在举行侵占南京入城式的时候，松井曾骑着高头大马，亲眼目睹了南京城内的惨状。而且，他还曾经训示部队：中国老百姓很多是间谍，也有不少中国军人脱掉军装，混在难民中，要进行扫荡。最后，松井石根等7名战犯，当年就被执行了绞刑。

有始无终

由于法庭采用的是西方的审判程序，审判进行得并不太顺利，一直拖到1948年11月4日才开始宣判。宣判时，28名被告中，已经病死2人，一人得了精神病，中止受审，最后共判处25名战犯。

死刑犯执行后，美国因为冷战需要（日本战犯对他们来说还有利用价值），就指使麦克阿瑟独断专行，在没有与同盟国商量的情况下，擅自下令释放战犯。而被释放的战犯中，有很多人都是杀人恶魔。

于是，11个盟国组成的国际法庭的庄严判决，被美国一个麦克阿瑟破坏殆尽，判决书成了一纸空文。

第 14 章

精妙绝伦的计策

战争一方面给我们带来了灾难，另一方面也促进了军事的发展。在两场世界大战中，各国的军事力量都有了长足的发展和进步。而这其中诸多精妙的作战计策也常为后人所称道。

图哈切夫斯基之死

图哈切夫斯基，苏联元帅、军事战略学家，苏联最早的“五元帅”之一。他所主导的大纵深战役和战斗理论，对世界军事思想的发展有重大影响，被誉为“红色拿破仑”。如此有功之人，他的去世却是在敌人的计谋中实施的。

图哈切夫斯基与斯大林

在国内战争期间，图哈切夫斯基是一个曾经得到斯大林信任和器重的军事将领。在高加索战役期间，当红军进攻受挫时，斯大林首先想到的便是图哈切夫斯基。斯大林曾经通过电话说道：“8 天前当我在莫斯科的时候，我接受了绍林的辞呈并任命图哈切夫斯基为新的方面军司令，后者曾征服西伯利亚并战胜高尔察克。他今天刚到萨拉托夫，近日即将接受前线指挥权。”

这一段话讲得铿锵有力，并记录在案，这表明斯大林曾经亲手提拔了他，但是却在不久之后，由于斯大林多疑的个性和图哈切夫斯基功高盖主的才华，两人之间又产生了无法消除的矛盾。

在这位未来的元帅的履历中，还有这么一个时期：在革命战争期间，曾经当了两年半德国战俘。虽然图哈切夫斯基通过越狱逃离了战俘营，并且回到了祖国，但是这段经历却为他悲剧性的结局埋下了伏笔。

“红色拿破仑”之死

在一间昏暗而压抑的房间里，一名犯人坐在椅子上，他满身是血，脑袋耷拉着。在他面前，几名身穿皮衣的契卡，面无表情——一名契卡拿起一桶水泼在犯人的脸上，犯人被冷水惊醒。

“尼古拉耶维奇，你就不要嘴硬了，赶紧招了吧！”

这名犯人正是曾经的苏联元帅图哈切夫斯基。图哈切夫斯基努力睁开红肿的双眼，强打起精神说道：“我以我的党性保证，我，米哈伊尔 尼古拉耶维奇 图哈切夫斯基没有做任何损害苏维埃，损害红军的事情！”

“现在铁证如山，你不要狡辩了，看看这些材料，上面都是证据！”契卡挥舞着手中的材料大叫着。

这时，一名身着西服的男人走进房间，拿出一张纸念道：“米哈伊尔 尼古拉耶维奇 图哈切夫斯基。现在宣布苏维埃最高革命委员会的决定。尼古拉耶维奇，由于你通敌叛国，证据确凿，特宣判你为死刑，立即执行！”

话音刚落，几名契卡不容图哈切夫斯基解释，便把他押向了刑场。就这样，一个几十分钟的审讯，将誉为“红色拿破仑”的苏联元帅定性为叛国者。

从元帅到死刑犯，事情是怎么发生的呢?

原来，1936年冬，苏联大清洗运动开始。德国情报机关告诉希特勒，斯大林对图哈切夫斯基在红军中与日俱增的影响力极为不安，便决定利用斯大林之手，除去图哈切夫斯基这个未来对苏作战中的重要对手。

于是，希特勒命令情报头子海德里希编造图哈切夫斯基的叛变证据。

海德里希利用了1926年德国和苏联统帅部签订的秘密协定上的图哈切夫

知识链接

大清洗几乎消灭了苏联红军的军官阶层——红军指挥人员有4万余人被清洗，其中1.5万人被枪决。大清洗枪决了5名元帅中的3人、67名军长中的60人、199名师长中的136人、397名旅长中的221人。其直接后果是：卫国战争初期，苏联军队指挥混乱，在战争的头18天，苏联损失2000列火车的军火，3000门大炮，2000架飞机，1500辆坦克以及30万苏军被俘。

斯基的亲笔签名（图哈切夫斯基当时作为代表在协议上签字）——模仿他的签名制造假信。而假信的内容是图哈切夫斯基及其“德国同伙”似乎已经达成协议，准备用武力一起夺取苏联和德国的国家政权。在假信上有德国侦查机关的各种真的印章，如“绝密”“机密”等，还有希特勒的亲笔批示：对那些和图哈切夫斯基有联系的德军将领进行监视。

这封信是主要文件，还有其他各种用德文写成的文件。整个“专案文件”共15页，均有德军将领的签字。由于当时图哈切夫斯基是苏军参谋长，他自然要和德国军官发生业务上的接触，再加上曾经在德国战俘营待过2年，其“文件”可信度极高。

为了把这份专案文件转送到斯大林手里，海德里希还假造了德国情报机关大楼失火，文件被盗的假案。然后，“专案文件”的照相复制件落在了苏联谍报人员手里。

很快，图哈切夫斯基等8名高级将领被捕。他们在大量“证据”面前有口难辩，全部被判处死刑，并在12小时内全部处死。

偷袭珍珠港

从1941年起，日本在亚洲咄咄逼人的气势就引起了美国的警觉。美国国会通过了法案，对日本进行武器和燃料禁运。由于日本资源贫乏，尤其是石油完全依赖进口，美国实施禁运后，日本的石油储备只能坚持几个月的时间。被卡住脖子的日本决定对美国宣战。

偷袭成功

时间
公元1941年
地点
珍珠港

1941年12月7日，日军指挥官渊田抵达珍珠港时，港中仍洋溢着周日早晨的平静气氛。渊田的嘴角不由得出现了一丝得意的笑容。他的身后是49架水平轰炸机、40架鱼雷轰炸机、51架俯冲轰炸机和43架制空战斗机。渊田毫不犹豫地打出了信号弹，机群马上按照奇袭队形开始战斗。大俯冲轰炸机看到两发信号弹，认为是强攻命令，就首先攻击了瓦胡岛的3个机场。2分钟后，鱼雷轰炸机开始进入攻击。第一架鱼雷轰炸机先用机炮将排列在舰队最后的“内华达号”上的舰旗撕碎，而后投下了鱼雷。

一时间，只见日本的炮弹像雨点般射向珍珠港，大火熊熊燃烧起来……

突然，岛上又响起了巨大的爆炸声。美国官兵们惊呆了。那是“亚利桑纳号”的大火导致弹药库发生了爆炸，火柱高达1000多米，因为火药和炸药爆炸不充分燃烧，烟柱红黑相间。而轰炸机仍像鸟儿般地上下扑腾，海面上漂满了油。

渊田的心里充满前所未有的快感。突然，一个声音传入他的耳朵：“报告！发现敌机！”原来，那是从西海岸飞来的12架B－17飞机，它们已在毁坏的机场上艰难地着陆。“继续攻击！”渊田大声喊着。炮火越来越猛。水平轰炸机队负责攻击瓦胡岛的机场，俯冲轰炸机继续攻击舰只。

渊田见奇袭成功，便发出了当初预定的信号：虎！虎！虎！（日本人迷信地认为虎是一种能平安地从千里之外归来的神奇动物。）日本的高级指挥官接到这个信号后，仍然平静地下棋。一切，似乎都在意料之中。

阴谋始末

其实，日本法西斯偷袭珍珠港的阴谋策划已久。苏德战争爆发后，日本也急不可待地想扩大侵略战果，而驻守夏威夷群岛的美国太平洋舰队就成为他们进入太平洋的最大障碍。日本向东南亚的发展也引起这个地区主要强国的不安。为了给日本一点颜色看看，美国停止了对日本的石油供应。而没有石

油，日本飞机无法起飞，舰艇无法航行，侵略计划也就无法继续实施。为了迷惑和麻痹美国，日本派出特使到华盛顿进行谈判，要求和平解决两国的矛盾。与此同时，偷袭珍珠港的特遣舰队则秘密开赴珍珠港。珍珠港事件中，日军共炸沉美主力舰4艘，重创1艘，炸伤3艘。另外，炸沉、炸伤驱逐舰、巡洋舰等各类辅助舰10余艘，击毁飞机188架，机场全部炸毁，美军官兵死伤4500多名。日本仅损失29架飞机。

而日本驻华盛顿代表直到日本飞机攻击珍珠港一个多小时后，才来到美国国务卿赫尔的办公室，递交了一份最后通牒。赫尔气得满脸通红，激动地说："我在50年的公职中，从未见过这样无耻卑鄙的政府和虚伪歪曲的文件！快点把他们赶出去！"

第二天，美国电台向全国广播："珍珠港遭到卑鄙的偷袭！"美国总统罗斯福气愤地对全国人民说："这个耻辱的日子必须记住！我们一定要给予有力地回击！"美国正式对日本宣战。之后，澳大利亚、荷兰等20多个国家也对日本宣战。自此，更多的国家卷入了第二次世界大战。

轰炸考文垂

第二次世界大战爆发前后，德国人一直使用的是恩尼格玛密码机，这种密码机是当时最先进的，希特勒和他的将军们对它的安全性极为放心。但他们想不到的是，英国人已经破解了这种密码机，每当柏林有新的指示时，伦敦的英国情报机关都会在第一时间获悉，而德国人没有丝毫察觉。更让人费解的是，德军从开战以后就没有更换过密码本。

月光奏鸣曲

时间
公元1940年
地点
英国

当希特勒率领的纳粹军队，在欧洲所向披靡时，丘吉尔领导的英国新政府就开始了国内的防御计划。1940年11月12日下午，丘吉尔正看着前线发来的战情通报，一名参谋走了进来，说道："先生，这是军情6处送来的。"丘吉尔拿起这份绝密文件仔细看了起来。越看，丘吉尔的表情就越发严肃。到底是什么事情，让丘吉尔如此头疼呢？

原来，为了瓦解英国的战斗士气，德国的最高统帅部决定，对英国的内陆城市进行重点轰炸。1940年11月12日，德军空军司令部按照希特勒的命令，准备对英国的重要工业城市考文垂进行重点轰炸，该计划被命名为"月光奏鸣曲”。英国情报处通过对德国本土发来的消息进行分析后得出结论，“月光奏鸣曲”计划的目的不仅仅是轰炸考文垂。因为有可靠的情报表明，由于在大不列颠空战中，德军屡战屡败，始终没有达到预期的战略效果，这使希特勒开始对“恩尼格玛”的保密性提出怀疑，便想以此次行动来验证自己的怀疑。

不幸的是，英国已经破解了密码，德军的战略企图已经被察觉。但是，如何应对这次空袭，首相丘吉尔却面临着两难选择：考文垂作为英国的重要城市，工业价值和历史价值的地位极为突出，更有几十万的平民居住在那里。但是，一旦采取防范措施，德国就会察觉其密码已经失效，从而更换密码系统，导致盟军失去重要的情报来源。为此，英国情报机关为丘吉尔准备了两种方案：第一种方案是主动采取措施来保卫考文垂，不过这样一来，德国人绝对会更换新的密码系统，盟军将不再享有以前的情报优势；另一种方案是让考文垂继续保持现有的防卫级别，用牺牲考文垂来保住“超级机密”。

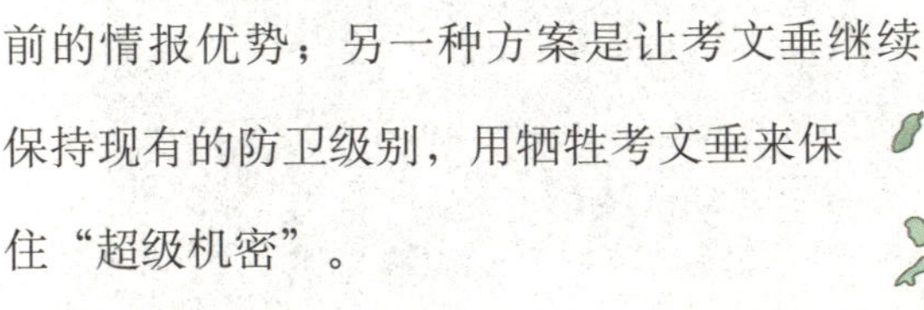

丢卒保车

面对如此艰难的抉择，英国首相丘吉尔经过反复权衡后，认识到“最高机密”的安全比一个重要工业城市的安全更为重要。

11月14日，丘吉尔经过再三思虑，最后做出了痛苦的决定：考文垂的防卫级别不进行任何调整。

11月14日夜，在防空警报声中，德国轰炸机密密麻麻地出现在考文垂上空。德国空军对考文垂进行了10余个小时的不间断轰炸，直到11月15日清晨，最后一批德国轰炸机才扬长而去。在这次轰炸中，考文垂这个有着上千年历史的古城被彻底摧毁。整座城市几乎没有一幢完整的建筑物了。

丘吉尔作为英国的决策者，在事关战争全局的情况下，做出了痛苦的抉择。正是他的决定，让自负的希特勒在整个战争期间都没有更换恩尼格玛密码机，这让盟军在战略部署上占据了上风。丘吉尔的决定，为盟军的最后胜利奠定了基础。

蒙哥马利猎“狐”记

第二次世界大战期间，在北非战场，英国第八集团军被德国名将隆美尔率领的德意联军击败。英国军队毫无抵抗之力，节节败退，一直退到埃及的阿拉曼地区才勉强稳住局势。就在英军生死存亡之际，一架军机降落在开罗机场。从飞机里走出一位有着绅士气质的将军，他就是临危受命的伯纳德·劳·蒙哥马利将军。

绅士般的猎手

蒙哥马利刚到阿拉曼就视察了部队。他发现部队的状况糟糕透顶，从士兵到军官，都弥漫着悲观的情绪，大英帝国曾经的荣耀已荡然无存。更为要命的是，英国士兵居然视隆美尔为偶像。在北非战场上，隆美尔身先士卒，与士兵同吃同住。他的指挥风格不仅深受德军士兵的喜爱，甚

至通过德军战俘，影响到了英军，其作风与躲在后方指挥的英军指挥官形成鲜明对比。

因此，蒙哥马利当务之急不是找隆美尔决斗，而是稳住阵脚，恢复英军的士气和指挥层的威信。在以上问题解决之后，蒙哥马利才着手提高部队的战斗力。他命令参谋部编写适合士兵阅读的作战手册，详细介绍在非洲野外作战时的战术要领，并将手册发给每名士兵进行操练。蒙哥马利极为重视装甲部队，他甚至戴了顶装甲兵的贝雷帽，以此来激励士气低落的装甲兵。蒙哥马利一系列有针对性的举措，逐渐恢复了英军的战斗力。

而在战场的另一边，隆美尔的非洲军团却霉运不断，由于德国海军实力不济，又没有制海权，很难得到后勤补给。再加上德军长时间急行军作战，许多士兵都得了疟疾等疾病，就连隆美尔也患上了疟疾，非战斗减员极为严重。同时，英军采取技术手段，对德军进行骚扰。英国工兵在德军前沿不断地摆上各种装备道具，给德军造成即将进攻的假象。种种因素使得隆美尔只能转进攻为防守，他在病床上为德军设计了有着“魔鬼花园”之称的地雷阵，在60千米长、1千米宽的防御阵地上布置了几万颗地雷。但是，隆美尔并没有看到自己设计的“花园”带来的惊喜，因为他被疾病彻底击倒了。当他的病情报告递交给德军统帅部后，他被强制性地送回德国本土进行治疗。

阿拉曼战役

隆美尔刚离开非洲，德国非洲军团便遭到了英军的攻击，阿拉曼战役打响了。恢复元气的英军，进攻极为猛烈。但是，突击的主力英国装甲兵团卡在了隆美尔设计的地雷阵上。而德军则更加糟糕，顶替隆美尔的指挥官史登姆将军，在指挥作战时居然突发心脏病身亡。群龙无首的德军顿时方寸大乱，若不是隆美尔在战前的防御措施得力，其战局将被英军逆转。无奈之下，希特勒将病情刚刚好转的隆美尔送回了非洲战场。当隆美尔抵达非洲时，德军的防线已经岌岌可危。但是，隆美尔仅仅做了一件事情就稳住了军心，那就是通电全军："我，隆美尔回来了！"

当隆美尔重返战场之后，蒙哥马利的装甲部队依然陷在地雷阵里动弹不得。蒙哥马利放弃了以装甲部队主攻的作战计划，命令其他部队立即展开进攻，尤其是要求炮兵部队加大炮击力度，配合步兵的进攻。蒙哥马利硬拼式的进攻方式，让隆美尔苦不堪言。因为隆美尔接手德军时，德军的战略补给已经所剩无几。

就这样，在8天的激烈战斗中，隆美尔的非洲军团终于崩溃了。为了幸存的德军士兵保住性命，隆美尔违背了希特勒的命令，指挥部队撤退，阿拉曼战役以英军的胜利而结束。

知识链接

在战斗中，英国指挥官呆板的战术每次都被隆美尔识破。隆美尔是一名能让交战双方士兵都非常尊敬的将领，他就像战场上的明星，被士兵们所崇拜。

精心设计的"肉馅行动"

1943年，交战双方的形势已经发生了微妙的变化。德军在欧洲战场失去了锐气，苏联红军开始转入战略进攻；在太平洋战场上，美军开始掌握主动权。出于政治和军事考虑，盟军决定尽快在欧洲开辟第二战场。

"肉馅行动"开始

时间
公元1943年
地点
西西里岛

1943年4月的一天，在中立国西班牙的美丽港口维尔瓦，一艘渔船打捞出了一具尸体。船上的渔民发现，这具穿着外国军服的尸体的腰间，还挂着一个文件袋。渔船回到港口后，立即将这件事报了案。

西班牙当局从尸体身上找到了死者的相关证件。死者是名叫马丁的英国军官，军衔为少校。西班牙当局通知英国大使馆来认领尸体。

当英国大使馆的工作人员了解情况后，立即向英国发报，通报外交部马丁少校死亡的消息。很快，英国外交部立即回复了电报，指出："大使馆要尽快了解此事的经过，如有必要，立即向西班牙政府发出照会，确认马丁少校的随身物品是否完好。"英国外交部还附上了马丁少校的随身物品清单。

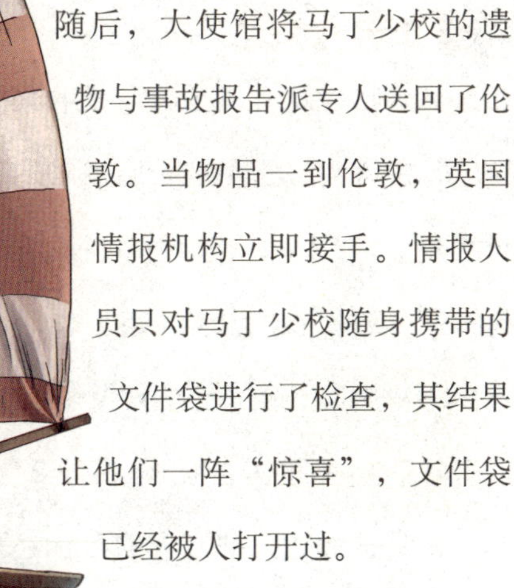

随后，大使馆将马丁少校的遗物与事故报告派专人送回了伦敦。当物品一到伦敦，英国情报机构立即接手。情报人员只对马丁少校随身携带的文件袋进行了检查，其结果让他们一阵“惊喜”，文件袋已经被人打开过。

那个文件袋里到底装了什么？其实，这是英国军情六处精心设计的“肉馅行动”。马丁少校是由医学专家挑选的尸体假扮的。而他的文件袋里有一封私人信件，该信件是英军副总参谋长赖依写给英国北非军团亚历山大将军的亲笔信。这封信大略上看，也就是两位老友叙叙旧，但是在字里行间，又透露着盟军要在地中海展开军事行动的意图。

西班牙虽然在战争中保持中立，但是，其独裁政府是在德国和意大利支持下建立的，与轴心国的关系密切。因此，西班牙海域被军情六处选为了马丁少校的失事区域。西班牙政府在得到马丁少校尸体后，提前通知了德国，当德国特工对尸体检查完毕后，才向英国通告了发现马丁少校尸体一事。

在肉馅行动期间，英国情报机关为了更加逼真地迷惑对手，马丁少校的名字不仅出现在报纸上的阵亡将士名单上，还在英国本土举行了追悼仪式。驻西班牙的英国大使馆，还在西班牙举行了英国式的军方葬礼。

登陆西西里岛

德国特工从马丁少校身上收集的情报，很快便送到了柏林。德军参谋部经过分析认为：盟军在希腊登陆的可能性会高于西西里岛。该报告在第一时间便交给了希特勒审阅。希特勒再一次做出了错误的决定，他将部署在意大利的主力部队抽调到了希腊。

5月14日，希特勒在会见来访的墨索里尼时，向他的铁杆盟友说起了马丁事件。由于事关自己的领土安全，墨索里尼将信将疑地说道："我的元首，直觉告诉我。那些人的目标还是意大利。"希特勒对墨索里尼的怀疑不屑一顾。为了加强希腊地区的防御，隆美尔也被派到了撒丁岛，负责该地区的防务。隆美尔将希特勒的命令执行得很彻底，从意大利、法国和苏联前线调集了多个装甲师。由于错误的命令，在意大利驻守的德军主力都在向希腊靠拢。而德军的调动，被盟军特工详细地记录了下来，并很快传回了设在英国的盟军情报总部。

德军的军队调动证明，他们已经被"肉馅行动"所迷惑。盟军参谋部认为时机已经成熟，便果断地开始了登陆行动。1943年7月9日，50万盟军在西西里登陆。战斗力低下的意大利军队和少量的德军无力抵抗，仅仅1个月的时间，盟军就攻占了西西里岛。整个战役，盟军歼灭了近20万轴心国军队，而自己仅仅付出了2万余人的伤亡。

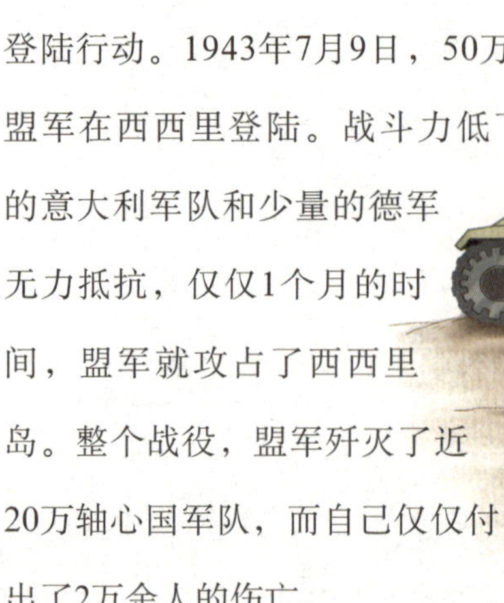

诺曼底情报战

诺曼底战役在世界近代史上占据着极为重要的地位，作为有史以来规模最大、最成功的登陆作战，其战役前的准备工作是极为复杂的，尤其是情报领域。

水银计划

1944年，巴顿就任盟军第一集团军的司令。在盟军精心包装的“水银计划”中，第一集团军将总部设在了与法国加莱隔海相望的多福尔。该集团军是由一个通讯营“包办”全军运作的作战单位。这个通讯营按照集团军的规模，每天发送大量的电报与各级部队联系，从而营造出第一集团军军务繁忙的假象。同时，一帮工兵在好莱坞道具师的指导下，制作了大量假的坦克、飞机和大炮。盟军参谋部还经常调派一些二线作战部队前来训练。整个多福尔地区呈现出一派秣马厉兵的景象。再加上盟国防空部队时不时“放过”一两架德国侦察机前来侦察，使德军情报机构得出了第一集团军拥有40个作战师的结论。就这样，德军统帅部以为盟军将在加莱登陆，便加大了防守的力度。

微光计划

诺曼底的情报战，不仅要欺骗人，还要欺骗对方的设备。盟军为了蒙蔽德军的雷达设备，就专门启动了“微光计划”。

在“微光计划”中，盟军的空军对法国沿岸的雷达站进行了精确打击，仅仅保留了法国北部的几座雷达基站，这几座基站正是面对加莱方向的。为了配合诺曼底登陆作战，在登陆前的3小时，一支舰队“浩浩荡荡”地往加莱方向驶去。这支庞大的舰队由18艘小型舰船组成，每艘船的后面都带着一个拖舱，拖舱上面有一个直径几十米的巨型气球。而在气球上面挂着一个信号发射器。这个发射器发出的信号，显示在雷达屏幕上就是一艘万吨级的巨轮。而在天空中，几十架盟军轰炸机跟随着舰队，在飞行的同时抛撒着锡箔条，这样又将几十架飞机伪装成了几百架飞机。这些措施使德军参谋部在诺曼底登陆作战几个小时后，依然认为盟军的主攻地点在加莱。

圈套

1943年，一个潜伏在法国加莱地区的谍报小组被叛徒亨利·德里古出卖，所有成员均被盖世太保逮捕。由于电报员的指法无法假冒，盖世太保将该小组中的电报员单独提审，威胁其继续与英国的盟军情报部门联系。电报员在与总部联系的同时，启动了报警程序。但令人费解的是，总部将警报置若罔闻，不仅继续联系，还继续向法国派遣特工。特工刚降落在法国的土地上，便成为盖世太保的囚犯。被盖世太保用尽酷刑摧残的特工人员，有的经受不住痛苦，被迫招供出他们的任务：用尽一切手段破坏加莱地区的德军通信系统，暗杀德军军官，摧毁加莱地区的供电设施。这些口供很快便被送到了德军统帅部，让希特勒和他的德国将军们坚信盟军登陆方向在加莱地区。

其实，让德国人想象不到的是，这一切都是盟军事先安排好的圈套。叛徒亨利·德里古根本就没有叛变，他是按盟军情报部门指示行事的，为以后能将假情报提供给德国创造条件。或许，盟军牺牲这些特工人员的做法很残忍，但正是这几十个谍报人员的牺牲，将以后登陆作战时的伤亡人数降到了最低。

第 15 章

世界新格局

大规模的战争是一个时代的结束，但也是另一个时代的开始。之后的柏林危机、越南战争、朝鲜战争等，都宣告了新时代的来临。世界新格局即将形成。

柏林危机

纳粹德国战败后，柏林被分为东柏林和西柏林，同时，整个德国又被盟军中的不同国家所占领，分别是苏联占领的东德，美国、英国和法国占领的西德。德国人民在经历战争的创伤之后，开始经历国家分裂的痛楚。

第一次柏林危机

1948年，美国突然在西柏林实行货币改革，发行“B”记德国马克。新马克只能在美国控制下的西德领土上流通，这是美国为了进一步在经济上分裂德国采取的措施之一。苏联当局见状，立即在东德地区发行了只在该地区流通的“D”记德国马克。两个超级大国针锋相对，互不相让，这是冲突的前兆。6月24日，苏联率先发难，对美国支持下的西柏林实施了封锁，水运和陆运通道被完全切断。第一次柏林危机开始了。

“妈妈！妈妈！快看天上，能带来饼干和巧克力的飞机又来了！”7岁的卡尔在窗口大声呼唤着自己的母亲布丽塔。布丽塔从客厅赶了过来，通过窗口向天空望去，只见天空中布满了轰炸机，只不过这次扔下的不是炸弹，而是补给品。苏联人对西柏林的封锁已经有半年了，美国飞机每天都用空军给柏林居民空投生活品。同时，美国军队也对东德施行了反封锁措施，对煤和钢铁等工业原料实施禁运。等小卡尔8岁的时候，也就是1949年，苏联解除了对柏林的封锁，第一次柏林危机结束。在这次危机中，柏林产生了分裂，在真正意义上被分为了东柏林和西柏林。

第二次柏林危机

进入50年代以后，特别是赫鲁晓夫上台后，苏联的政策变得格外强硬。而在美国，麦卡锡主义大行其道，将反共运动推向了高潮。在这种情况下，美苏之间的碰撞在所难免。1958年的圣诞节，在德国西柏林街头，看不到节日的欢乐气氛，每个人都愁眉不展。这是因为苏联的总书记赫鲁晓夫在11月底对美国发出最后通牒，要求他们将军队撤出柏林，要将柏林变成自由之城。以美国为首的西方国家当然不会答应，所以在西柏林的美军调动极为频繁。一时间，双方军队剑拔弩张。

“妈妈，圣诞树已经弄好了。”说话的正是卡尔，现在的卡尔已经快18岁了。“卡尔，你最好把厨房的那些面包和水再放一些到地下室。”布丽塔吩咐道。卡尔应声后，便按母亲的吩咐将水和面包拿到了地下室。等卡尔从地下室出来后，说道：“妈妈，地下室快装不下了。”“我知道，孩子。但谁知道会不会发生该死的战争呢？”布丽塔无奈地说道。“放心吧，妈妈。已经过去几个月了，美国和苏联都还没什么动静。”卡尔说道。正说着，房间里的灯熄了。布丽塔一惊，往窗口看了看，只见房子周围也是漆黑一片，连忙大声说道：“卡尔快去地下室！”当母子两人到了地下室后，布丽塔打开了收音机。起先，收音机里传出的都是杂音，过了一会儿，传出了柏林当地电台的声音。“各位听众，由于供电局出现设备故障，柏林出现了大面积的停电。政府希望大家不要紧张，停电的区域预计会在1个小时内恢复供电。”听完广播后，布丽塔才放松了下来。

这便是第二次柏林危机时的西柏林居民生活。直到1959年3月，由美、苏、英、法参加的四国首脑会晤，才将第二次柏林危机的警报解除。

第三次柏林危机

第二次柏林危机才过去几年，美国有史以来最年轻的总统肯尼迪上台了。肯尼迪上台后，苏联为了摸清美国新政府的外交态度，在1961年的美、苏首脑会议上，再次要求美国和他的盟国军队撤出柏林。肯尼迪当然不可能让步，断然拒绝了苏联的要求。当年，美、苏两国先后宣布增加国防经费。同年8月，一排高墙在一夜之间拔地而起，硬生生地将东西柏林隔离开，这就是臭名远扬的柏林墙。

10月的一天清晨，卡尔满身是血地走进了家里，布丽塔简直不敢相信自己的眼睛。“妈妈，我没事。衣服上并不是我的血。”卡尔轻声地说道。布丽塔走到卡尔跟前，仔细检查了儿子的身体之后，才放下心来。“这么多血是哪儿来的？”布丽塔问道。卡尔换掉身上的衣服，然后跟布丽塔说起了昨天夜里发生的故事。原来，东西德的经济发展极不平衡，西德的经济在美国支持下，很快便得以恢复，而东德的经济则比较落后。再加上东德政府实行的高压政策，导致许多东德人逃往西德。尤其是柏林墙建起之后，许多东德人都希望能摆脱东德的腐败统治。于是，翻越柏林墙成为那些渴望自由的人们必须要面对的关口。每天晚上都有东德人冒险翻越柏林墙，进入西德。

前一天夜里，卡尔就是去柏林墙附近，接应逃亡的东德人。由于卡尔是一名医科大学的大学生，他负责对受伤的人进行急救。前一天晚上，一名东德的男青年好不容易爬过了柏林墙，但是最后时刻，东德士兵的枪响了，这名青年中弹后，依然坚持跑到了西德领土上。当卡尔面对这名年轻人的时候，他已经奄奄一息了。卡尔紧紧抱住了他，给了他生命中最后的温暖。

苏联修建柏林墙以后，苏联和美国先后恢复了核试验，阴云再次笼罩世界。

知识链接

第一次柏林危机后，被苏联占领的东德地区成立了德意志民主共和国，西方控制的西德地区成立了德意志联邦共和国。

朝鲜战争

第二次世界大战之后，朝鲜结束了日本长达半个世纪的殖民统治。但是日本人离开之后，美国和苏联迅速控制了朝鲜半岛。三八线以北为苏联控制区，三八线以南为美国控制区。两种不同的意识形态，注定了朝鲜半岛不会安宁。

中国参战

1950年6月25日，朝鲜战争爆发。与韩国军队相比，人民军装备精良，士气高涨。仅仅3天时间，朝鲜人民军便攻克了汉城（今首尔）。到了7月份，韩国军队仅仅占据了釜山一线，仅占原有领土1/10的区域。正当朝鲜人民军即将解放朝鲜半岛时，美国名将麦克阿瑟率领美军在仁川冒险登陆。美军参战之后，彻底打破了原有的战局。面对强大的美军，朝鲜人民军形势严峻。仅一天的时间，美军就收复了汉城，并将朝鲜人民军逼退到三八线以北。然而，就在美军登陆后，刚刚成立的中华人民共和国不断地通过外交途径警告美国，不允许美军跨越三八线，否则将视为对中国宣战。作为世界头号强国的美国，无视中国的警告，操纵联合国通过了武装干涉朝鲜内战的决议，英国、法国、比利时等15个国

家派军队组成了联合国军，配合美国侵略朝鲜。

当年9月，在风景迷人的太平洋威克岛，正在度假的杜鲁门会晤了麦克阿瑟，商讨朝鲜问题。“麦克阿瑟将军，根据可靠的情报，毛泽东领导的中国可能会参战。”杜鲁门说道。麦克阿瑟掏出烟斗，点燃了烟叶，深吸一口后，不屑地说道：“总统先生，我在这里向你保证，美国军队绝对不会进入中国与毛泽东的军队交战。但对于中国的警告，我认为这是虚张声势的表现。只要毛泽东的军队敢跨过鸭绿江，他们面临的将是一场屠杀。所以，我认为这场战争不会太久，并保证让我的士兵们回家过感恩节。”就当麦克阿瑟自信满满地在杜鲁门面前保证的时候，毛泽东任命彭德怀为中国人民志愿军司令员兼政委，指挥中国志愿军入朝作战。10月19日，在新中国仅成立1年后，年轻的中国军队跨过了鸭绿江，率先过江的是42军。而以美军为首的联合国军对此却一无所知。6天后，志愿军42军354团与韩国第六师2团相遇，韩国军队被全歼。随后，联合国军与志愿军全线交战。作为战场新生力量的志愿军，打破了战场的平衡，而且战法灵活的志愿军让联合国军无所适从。中国军队第一次与列强交手就歼灭敌人3万多。

三八线

联合国军遭遇到第一次失败后，麦克阿瑟并没有意识到中国军队参战的决心，只是认为这是少量中国军队的渗透作战。面对媒体，麦克阿瑟十分乐观和自信地表示："战争会在今年结束，士兵们会回家过圣诞节。"但事实证明，麦克阿瑟过于乐观了。中国人民志愿军在战场上表现出的战斗素质，以及指挥员的指挥艺术，让联合国军一败再败。12月5日，志愿军解放平壤。1950年的最后一天，也就是12月31日，志愿军越过三八线，攻克了汉城。

面对失控的局势，此时的麦克阿瑟被刺激了，他一再叫嚣："要让中国尝尝原子弹的滋味！"他还多次越过美国本土的司令部，直接下令空军轰炸中国东北。麦克阿瑟的行为，让白宫极为震惊，因为这种越级行为极有可能激怒另一个超级大国——苏联。一旦苏联参战，朝鲜战争极有可能演变为世界大战。于是，1951年4月，杜鲁门在未通知麦克阿瑟本人的情况下，解除了他的职务，指挥权由李奇微将军接任。

李奇微与他的前任相比，客观地评估了志愿军的实力，认为美军应该改变原有速战速决的作战目标，转为稳住现有战局，也就是拖住志愿军，让它"快"不起来。李奇微的策略，正好针对的是志愿军的短板。由于中国军队的现代化建设刚刚起步，稚嫩的中国空军还无法全面与美军抗衡，失去制空权的代价便是后勤补给困难。所以，志愿军每次进攻虽然猛烈，但是持续的时间都不是很长。在李奇微的指挥下，美军步步为营，以守为攻，止住了颓势。滞缓了志愿军的进攻后，李奇微又迅速指挥美军转入战略反攻，夺回了汉城。志愿军总司令彭德怀果断地采取措施，让志愿军迅速摆脱与美军的接触，后撤至三八线。在三八线附近，志愿军将士们挡住了美军的进攻，双方进入相持阶段。

同年7月，交战双方第一次坐到了谈判桌前，商讨停战事宜。但是，这一谈便是3年。在这3年里，中美两国军队在三八线附近交战数百次，并进行了朝鲜战争中最惨烈的上甘岭战役。在打打停停之中，双方最终在板门店达成了共识。1953年7月27日，《朝鲜停战协议》正式签订。

古巴导弹危机

就在美国与苏联在全球争夺霸权的时候，美洲加勒比海北部的古巴发生了社会主义革命。卡斯特罗和格瓦拉领导的起义军，风卷残云般横扫古巴。1959年5月1日，一个社会主义国家居然诞生在美国的家门口。古巴的建立，让美国坐卧不安，两国从此纠纷不断。

后院起火

为了颠覆古巴社会主义政权，美国策划了多套方案，最为著名的无疑是“吉隆滩事件”。1961年4月17日，一支由1500多人组成的美国雇佣军突袭古巴，但是被古巴军队歼灭在吉隆滩。这次事件的直接后果是使古巴与苏联的关系更加密切。1959年，在地中海地区，美国将导弹部署在意大利和土耳其。这个举动刺激了赫鲁晓夫，他对于美国在苏联家门口部署导弹极为恼火。

1961年的吉隆滩事件，不仅让卡斯特罗极为愤怒，也使得苏联保护社会主义国家古巴理所当然。1962年，苏联和古巴秘密签订军事互助协定。同年5月，能够进行核打击的导弹被苏联人神不知鬼不觉地运到了古巴。同时，几万名苏联士兵整装待发，准备前往古巴。

8月，在古巴上空例行飞行的美国高空侦察机拍下了苏联导弹的照片。但是，美国五角大楼还没有确认这是苏联导弹。10月15日，在经过多次高空侦察后，五角大楼才确认这是能够进行核打击的苏联导弹。美国军方高层大为震动。一天后，完整的侦察报告便交给了肯尼迪总统。肯尼迪看完报告，随即召开紧急会议，商议对策。

走火边缘

在10月16日的会议上，泰勒将军不停地咆哮着："出兵！出兵！让海军陆战队直接在古巴登陆！"与会的其他美国高层官员也倾向于直接出兵古巴，他们一致认为这是苏联对美国的挑衅行为。在这种局面下，肯尼迪变得更加冷静，他没有直接拒绝泰勒的出兵建议，命令美国海、陆、空三军进入战备状态，同时命令五角大楼再派出一批侦察机，对古巴苏联导弹的情报进一步核实。

17日，侦察机后续侦察明，部署在古巴的苏联导弹属实。22日，肯尼迪宣布对古巴进行武装封锁。美国国内的军队向佛罗里达调动。美国海军将古巴的海上通道封得严严实实。就在当天，美国海军的一艘驱逐舰与苏联的一艘武装运输舰发生了摩擦，这

让急于开战的美军鹰派有了开战的理由。但是，肯尼迪总统顶住了军方的压力，并且依据美国宪法，以美国最高统帅的身份，收回了核武器的最终发射权。

虽然，美苏两国在表面上剑拔弩张，但在私下里，双方正在寻求外交解决的途径。赫鲁晓夫甚至在写给肯尼迪的私人信件里表示，只要美国不出兵古巴，苏联就撤回导弹。肯尼迪立即回信表示，可以考虑赫鲁晓夫的建议。就在双方试图将局面往好的方向引导时，双方军队之间又发生摩擦，险些引爆了第三次世界大战。美国海军发现了4艘潜伏在加勒比海的苏联核潜艇，立即对其进行驱逐，在用深水炸弹进行警告之后，一艘苏联核潜艇的深海通信装置被炸弹的冲击波所破坏，从而失去了在海底与苏联总部的联系。而且，对于美国海军的警告，这艘核潜艇的艇长认为是美苏交火的征兆，要求立即发射核武器，但是被二副所制止。二副坚决要求浮出水面，用备用通信装置与莫斯科联系，然后再使用核弹。核潜艇最后浮出了海面，与莫斯科联系之后，才知道这是一场虚惊。多亏了这位不知姓名的二副，世界才没有被拖入第三次世界大战。然而，危机并没有结束。一架在古巴上空侦察的美国侦察机，被古巴的防空导弹击落了，媒体披露后举世震惊。美国的各大城市相继失控，无数的美国民众开始哄抢超市里的食物和水。美国军方再次强烈要求武装解决古巴导弹事件。肯尼迪没有采纳军方的意见，继续用外交手段解决此次危机。最后，美苏双方商定，美国撤回地中海地区的导弹，作为回报，苏联撤出古巴的导弹。

10月28日，赫鲁晓夫宣布撤回部署在古巴的导弹。同时，美国也秘密撤回了在地中海国家部署的导弹。古巴导弹危机和平解决。

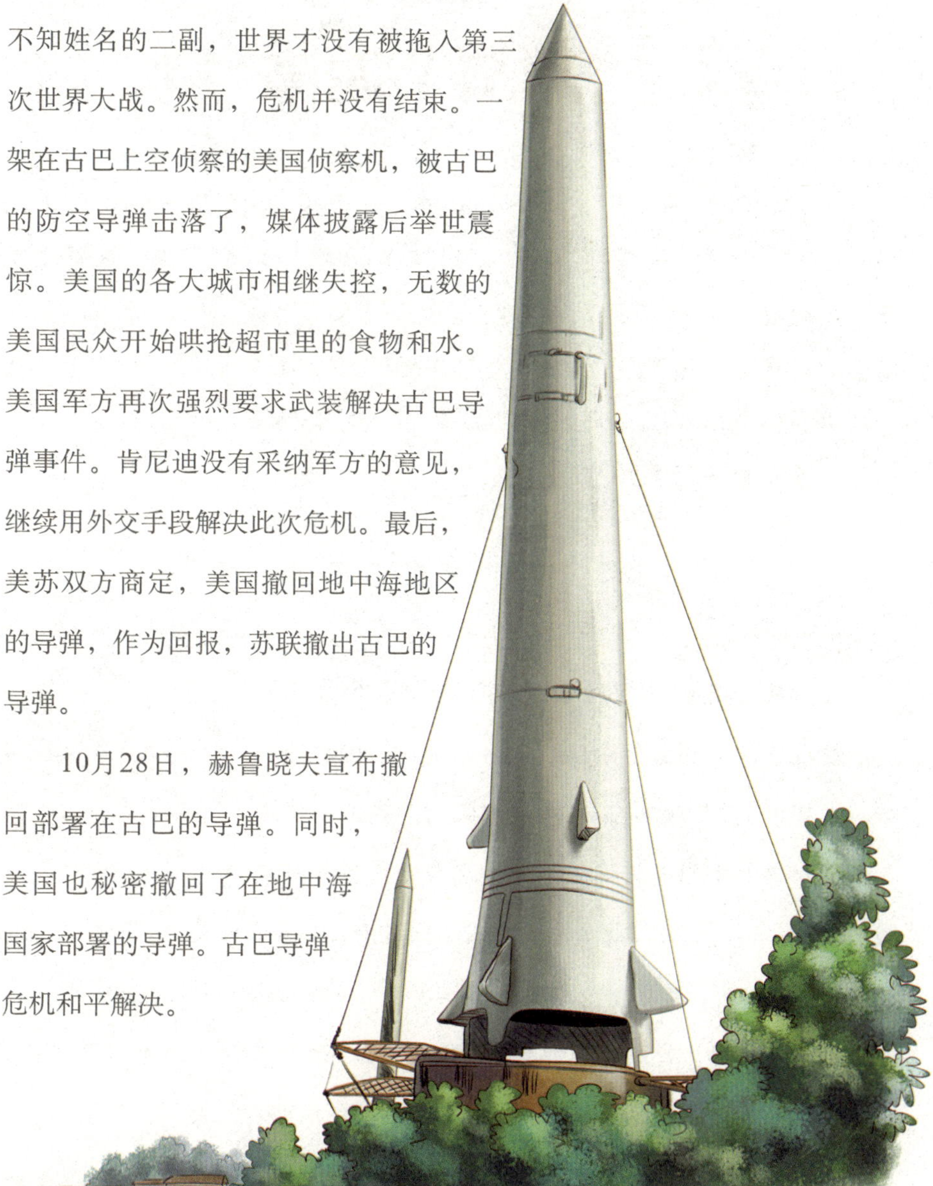

“越战”泥潭

自从朝鲜战争以后，美国一直想在中国周围挖出一块墙角来立足。于是，他们将目光投向了越南。第一，东南亚一直都是美国控制的领域，拥有众多的军事基地，进入越南极为便利。第二，法国兵败越南后，越南分为共产党领导的北部和资本家当权的南部，支持南部极为符合美国的战略利益。第三，越南与中国交界，控制了越南，就可以进一步威胁中国。

东京湾事件

在越南，北越政权和南越政权之间进行着你死我活的战争，但是由于南越政权得不到底层民众的支持，在战场上节节败退。虽然美国政府向越南派遣了大量的军事专家指导其作战，仍无法改变南越军队颓败的表现。美国军方以此为由，要求出兵越南，却被时任美国总统的肯尼迪否决。但是作为让步，肯尼迪决定让军方派出少量的精锐部队入越作战。

1963年11月，肯尼迪遇刺身亡，按照美国宪法，副总统约翰逊接任总统职位。约翰逊当政后，美国的右翼势力控制了政府的对外行为。当南部政府已经无法抵御北部的进攻时，美国决定寻求时机，正式派军队进入越南。

1964年8月4日，在东京湾巡航的两艘美国军舰，突然与北部海军交火。这次事件被美国右翼势力大肆渲染，国会的参众两院通过了对越南的战争法案。这样，美军便有了参战的合法性。随后，大量的美国士兵进入越南，帮助南部政府抵抗北部的进攻。到了1967年，共有50万美军士兵在越南作战。

难以自拔的泥潭

1968年1月，在南部西贡市郊，几个美国大兵蹲坐在掩体工事内，边聊天边打扑克。就在这时传来几声呼啸声，中士麦克大喊道：“敌袭！敌袭！快点进入防御阵地！”大兵们赶忙戴好头盔，各自进入自己的防守区域。铺天盖地的炮火向美军阵地袭来，压得美军抬不起头来。麦克拿起电话对着指挥部大喊着：“我们这里受到攻击！需要炮火支援！越共发动了攻击！”麦克放下电话大喊道：“这是有预谋的攻击，准备好弹药，越共就要冲锋了！”半小时后，炮火渐渐停了下来。战场上变得鸦雀无声，瑟瑟发抖的杰克问道：“越共的人呢？”“你别乱说话，安静！他们就在林子里面！”弗兰克一边按下杰克的脑袋一边

说道，话音刚落，一发子弹穿过钢盔打烂了弗兰克脑袋，弗兰克随即栽倒在杰克的怀里。“噢！上帝啊！妈妈！妈妈！”杰克惊恐得大喊大叫。同时枪声大作，无数北部士兵开始向美军阵地发起进攻。中士麦克赶了过来，紧紧地将杰克压在身下，安慰道：“嘿，伙计！别伤心了，对于弗兰克来说，这也许是一种解脱。”

中士弗兰克和他的士兵们所经历的正是北部发起的春节攻势。在这次战役中，北部军队猛攻南部政府控制的地域，美军毫无准备，因而遭受了巨大的伤亡。驻越南的美国新闻媒体，将战场上的情况如实反映到了国内，在美国引起轩然大波。美国民众被血淋淋的战争场面所刺激，尤其是美国大兵们在战场上的伤亡照片，让他们远在美国的亲人揪心不已。于是，美国的各大城市里的反战示威和游行此起彼伏。在一些城市里，示威的民众还与国民警卫队发生了流血冲突。美国国内的反战运动，直接影响到了美国的总统大选。尼克松在1969年的大选中获胜，正是他在大选中表示，要让美军逐步撤出越南，从而赢得了选民的支持。1973年，美军撤出了越南。1975年4月30日，在北部军队攻克西贡之前，美军用直升机撤走了所有在越工作人员和侨民，12年的越南战争终于画上了句号。

战争狂想曲

1981年，里根当选美国总统后，面对苏联咄咄逼人的气势，他采取了更加强硬的外交和军事手段。针对苏联强大的核武库，美国除了与其进行核军备竞赛外，还提出了一个极为大胆的军事战略计划，这便是“星球大战计划”。

导弹防御计划

一天，美国国土安全部的警铃大作，值班指挥官迈克尔连忙问道：“快看看是怎么回事？”负责北冰洋区域的盖博回答道：“长官，发现有20枚导弹从苏联发射，导弹正在北冰洋上空的区域！”迈克尔命令道：“立即启动I计划！”“是，长官。”负责防御作战的桑特回答道。而在控制室的主屏幕上，画面已经切换为苏联导弹进攻美国本土的路线图。“长官，I计划已经启动，第一步防御措施即将展开。”桑特说道。“这些导弹抵达美国本土还需要多长时间？”迈克尔问道。“还有10分钟，长官！”桑特答道。“继续跟踪！”迈克尔继续命令着。“长官，是否实施第一步防御计划？”迈克尔解下脖子上的开启卡片，将它插入控制台上的插槽里，同时命令道：“开始实施主动防御！”随后转动了卡片。

这时，控制室的主屏幕上传来了间谍卫星上的实时动态画面。只见隐藏在外太空近地空间里的激光武器开始展开对导弹的攻击，几道激光束闪过，20枚导弹只剩下了5枚。迈克尔继续命令道：“启动第二步防御计划。”“是，长官，第二步防御措施即将展开！”桑特答道。没过一会儿，桑特开始汇报：“部署在加拿大和太平洋的防御系统已经启动！导弹已经被摧毁，长官！”“很好，继续观察，桑特！”迈克尔说道。几秒钟后，控制室的警铃再次响起。盖博紧张地说道：“长官，有一枚导弹没被摧毁，它已经分解为16个弹头！”迈克尔一听，赶忙命令道：“第三步和第四步防御计划同时启动！”桑特回答道：“已经启动了，电磁炮和激光炮正在充能。另外，五角大楼来电，总统已经撤离到安全区域。”“我知道了，现在继续观察这些导弹！”“激光炮已经发射，已经摧毁15个进入大气层的目标。5秒钟后，电磁炮将做补充攻击。”话音刚落，桑特又继续说道：“长官，最后一个进入大气层的目标也被电磁炮摧毁了。”迈克尔终于松了一口气，说道：“解除战备状态，给五角大楼回电，危险已经解除。”

其实，这些都是虚拟的战争场景。但是这些内容都是美国在20世纪80年代提出的I计划的一部分，也就是著名的“星球大战”计划。

“星球大战”计划

“星球大战”计划于1985年立项，全名为反弹道导弹防御系统的战略防御计划。“星球大战”计划的核心任务是利用高性能的防御武器来抵御苏联核导弹对美国本土的袭击。这些高性能武器包括电磁炮、激光武器等当时仅在科幻电影和小说中出现的装备。

与前文提到的虚拟战争场景一样，“星球大战”计划由4道防线组成。第一道防线由战略防御卫星组成，对来袭的核导弹进行第一次防御；第二道防线由反弹道导弹组成的防御网组成，它们分别部署在军舰和陆地上，对突破第二道防线的核导弹进行精确打击；而第三道和第四道防线则是同时启动，共同应对突破前两道防线的核导弹。经过4道防线的过滤，据五角大楼的报告上称，可以摧毁99%的来袭导弹。“星球大战”计划，不仅可以防御，而且可以进行战略攻击，摧毁敌方的空间防御力量。美国的“星球大战”计划启动后，苏联在表面上并没有过于激烈的表现，仅仅是在美苏首脑会谈上提出禁止在外太空进行军备竞赛。但是在背后，苏联针对美国提出的各种战略构想，提出了相对应的措施，包括电磁炮和激光武器的研究，还上马了“航天飞机”计划，与美国展开了外太空军备竞赛。

知识链接

在美国的号召下，北约的多数成员国，如英国、西德、意大利等都参与了这项计划，亚洲的日本后来也加入了该计划。整个计划的财政预算为1万多亿美元。

小球威力——中美『乒乓外交』

在20世纪70年代以前，由于美国对中国全面封锁，以及中国与苏联关系恶化，导致中国与世界其他国家的文化体育交流处于停滞状态。1971年，世界乒乓球锦标赛在日本举行，中国受邀参加，却意外开启了中美“乒乓外交”的序幕。

误了班车的老外

在世锦赛开赛后的第二天，也就是4月4日，中国代表团的选手开始了自己的比赛日程。这一天，中国选手们在酒店旁边的练习馆里进行最后一次赛前练习。在练习场馆里还有许多其他国家的运动员。中国的乒乓球水平在世界上处于领先地位，可是在国际赛场上露脸的机会不多，因此，出现在练习馆里的中国乒乓球队，就成为其他国家的观摩对象，一些外国运动员便拉着中国队员一起练习。中国队的选手们非常友好，对于外国运动员的请求一般不会拒绝，所以在练习馆里，世界各国的选手们抛开政治上的分歧，互相学习，体现了体育无疆界的奥林匹克精神。在练习的选手当中，有一个叫科恩的长发美国青年，他的性格非常外向，所以他是最先找中国选手练习的西方球员之一。科恩与中国队队员练习完之后，又与欧洲的球员进行练习。由于练习得过于投入，等他看到场馆里显示的时间时，才发现离自己的比赛时间已经很近了。于是匆忙之间，他带上自己的随身物品就往酒店门口跑。

科恩在酒店门口没看到美国代表团的专车，这一下真的着急了。就在这时，他看见另一辆运动员专车正准备出发。于是，他快步跑向那辆客车，就在

他跨进车门时，车门关上了。科恩赶忙向司机说道："谢谢，先生。"当他回头望向车厢时，一下子愣住了，车上都是亚洲人，而且穿的都是红色队服。没错，这正是中国乒乓球队的专车。

小球转动了大球

当科恩上车之后，车上的中国乒乓球队全体成员都大吃一惊。虽然，在练习馆内大家可以不分彼此地练习，但是当时的中国代表团是不允许队员私自与外国人接触的。而且通过观察这个外国人穿的运动服，就知道他是美国人。当科恩上车之后，一片沉默。就在这时，坐在车后的庄则栋脑子一激灵，想起了中国代表团出发前，国家领导人为球队饯行时说的一番话："大家这次走出去比赛，不仅仅要赛出水平、赛出风格。还要记住一点，那就是多交朋友。大家在日本比赛和训练时，要大胆地与外国运动员交朋友，加深友谊。如果有可能，可以邀请他们到中国来比赛和参观。"想到这里，庄则栋决心跟这个美国人聊聊。他走到车上的日本翻译那里，请求他帮助自己跟这个美国人交流。于是，在日本翻译的帮助下，庄则栋与科恩交流起来。当庄则栋了解了事情的来龙去脉之后，哈哈大笑起来，并对科恩说道："我们中国人民是很友好的。欢迎您搭我们的便车，我代表我的队友们欢迎你！"当汽车快到目的地时，庄则栋将一个具有中国特色的杭州织锦送给了科恩。科恩大为感动，连声说："这个礼物太棒了！谢谢！谢谢！"

当汽车抵达比赛场馆门口时，蜂拥而至的日本媒体正守候在那里。要知道，中国派出代表团参加比赛，对于日本百姓来说也是一大新闻，在场的所有日本记者震惊了。

科恩上了中国队专车的事件，在日本的媒体上得到了滚动式的报道，并很快惊动了西方媒体。也就在这时，美国代表团向中国代表团提出，希望能到中国访问。中国代表团立刻将消息发到了国内，国家领导人亲自批准了美方的访问请求。这个消息轰动了西方世界。4月10日，美国乒乓球队和一批美国记者来到了北京，成为新中国成立后第一批获准踏上中国土地的美国人。这次乒乓外交，为中美两国建立互信打下了基础。美国乒乓球队访华，是改变世界近代史的重要事件，被媒体形象地比喻为小球转动了大球。

第16章

科技成就梦想

经历过战争洗礼之后，世界在伤痛中稳步前进，科学技术也突飞猛进，以前的一些梦想逐渐都变成了现实——人类飞起来了，月球有了人类的脚印，影视中出现了魔幻世界，现代的通信技术，让世界变得越来越小……

人类也可以飞翔

当人类的祖先坐在地上观察天上的鸟儿时，他绝不会想到人类会有在天空中翱翔的一天。如今，人类已经可以驾驶飞行器随意飞行。甚至在外太空里，人类也留下了自己的足迹。虽然，人类翱翔在天空中也才不过100多年，而人类的飞行梦想从人类诞生之日起就存在了。

追逐梦想

一直以来，为了实现飞翔的梦想，人类都在做着不懈的努力。人类最早想到的就是利用风的力量。可是风飘忽不定，人类要利用它很困难，也不方便。人类一直在寻找一种既安全又方便的载人飞行工具。

中国古代有一个叫万户的人，他请人把自己绑在一把特制的座椅上，座椅背后装有47支当时最大的火箭，双手各拿一只大风筝。他试图借助火箭的推力和风筝的空气浮力来实现他飞翔的梦想。万户的勇敢尝试虽然失败了，但他的行动却激励了后来的尝试者。

梦想的实现

曾几何时，人们趴在依靠风力滑行的滑翔机上离开了地面。但人们渴望飞得更高，飞得更久。于是，人们渐渐地抛弃了单纯使用风力的滑翔机。在滑翔机的基础上，人们添加了动力装置，经过不断地改进，真正的飞机出现了。

1903年12月17日，莱特兄弟驾驶他们制造的飞机，进行了首次有动力的持续飞行，实现了人类渴望已久的梦想。人类的飞行时代从此拉开了帷幕。

梦想，永不止步

最早的飞机使用的都是单台的活塞燃油发动机，在飞行中常常会出现发动机突然关闭的故障。再加上飞机的气密性不好、高空缺氧等因素的影响，飞机在飞行时经常出事故。很长一段时间，坐飞机是“勇敢者的游戏”。

1910年12月10日，亨利·科安达驾驶自己设计的飞机，在法国巴黎展览会上表演。很不幸，他的飞机失事了，他被抛出燃烧的机舱。值得一提的是，他设计的飞机使用的是最早的喷气发动机。

1911年，英国的肖特兄弟申请了多台发动机设计的专利。他们的双发动机系统，能使飞行员不用担心因发动机关闭而使飞机坠毁。人们把按照肖特专利制造的第一架飞机称为“3 · 2”型飞机。这个名字告诉人们，这种飞机装有3副螺旋桨、2台发动机，还装有两套飞行操纵机构，两名驾驶员都能操纵飞机而不必换座位。这在航空安全方面是一个重大的进步。

1927年至1932年中，座舱仪表和领航设备的研制取得进展，陀螺技术也应用到飞行仪表上。精密的仪表为飞行员提供了更为有效的帮助和保障，人们可以“飞”得更高、更远了。

天高任我飞

喷气发动机研制成功后，人们继续提高飞行的速度，希望达到超音速飞行。10多年之后，这项工作终于被美国人完成了。超越了音速之后，人们又用了20年的时间研制出了世界上第一架实用型直升机。直升机不仅可以垂直起落，还克服了普通飞机起飞需要滑跑、需要修建相应的跑道和机场的诸多不便。

我们相信，随着新材料、新技术的应用，飞行事业将开辟出一片新的天地。

月球上的脚印

月球，自古以来使人们产生了无尽的遐想。而人类对某件事物越是充满幻想，就越是想征服它。当人们对月球的认知随着科学技术的发展而不断丰富的时候，登上月球就成为很多科学家的目标。进入20世纪后，随着科技的迅猛发展，登月已经不是一个遥不可及的目标了。

一只飞上月球的“老鹰”

1957年，苏联抢先发射了世界上第一颗人造地球卫星，又于1961年把人类第一名航天员送上地球轨道。这对于技术力量雄厚、又一向争强好胜的美国人来说，无疑是一个巨大的挑战，连美国总统肯尼迪也惊呼：“我们落后了！”

1961年5月25日，美国总统肯尼迪宣布了“阿波罗”载人登月计划。他告诉美国人民说：“他们（指苏联）在航天领域屡拿金牌，遥遥领先，我们要打破他们的航天优势。除非你们具有跑完全程的毅力，否则就不要接受这项任务。”而这项任务，就是后来以希腊神话中太阳神的名字命名的“阿波罗”载人登月探险计划。

为研制大型运载火箭，美国政府投资了大量的经费，国家航空航天局的一些专家不分昼夜地忙碌着。尽管失败、事故和来自各方面的苛刻批评接连不断，但是美国政府和人民仍然坚定地支持着“阿波罗”计划，他们下定决心，一定要“把苏联人摔倒在月球上”，给他们点颜色看看。

据统计，1961年5月开始至1972年12月结束，在实施阿波罗计划的近11年中，大约有40万人和2万多家公司参加，总计耗资255亿美元。

第一个登上月球的人

尼尔·阿姆斯特朗，1930年8月5日出生在美国俄亥俄州的一个小城。他从小就对飞行很有兴趣，15岁开始学习飞行课程，学习所需要的费用全靠他自己打工所得。由于学习成绩优异，他16岁就获得了实习飞行员的驾驶执照。

1949年，阿姆斯特朗应征入伍，正式成为美国海军的飞行员。这之后的十几年中，阿姆斯特朗驾驶过200多架各式飞机，包括滑翔机、直升机、喷气机等，最著名的机型要算速度达到每小时6500千米的X－15火箭飞机。在紧张的工作之余，他还顺利地完成了南加州大学的研究生课程，获得了航空工程硕士学位。

1962年，阿姆斯特朗被美国宇航局选中，成为美国第二批宇航员。1969年7月16日，阿姆

斯特朗、奥尔德林和科林斯驾驶“阿波罗11号”飞船开始了人类首次征服月球的壮举。7月21日，他们到达了预定的着陆点后，正准备着陆，突然发现飞船下方有一个足球场大小的陨石坑，里面还装满了大大小小的石头。如果继续登陆，登月舱很可能会被这些石头撞得面目全非，这可怎么办呢？

阿姆斯特朗沉思了一下，马上采取紧急措施，把飞船改为手动驾驶，继续往前飞行，终于找到了一块较为平坦的地方着陆。阿姆斯特朗长长地吁了一口气，随即向地球报告：“我们在月球‘静海’报告，鹰已着陆！”

经过几小时的准备工作后，阿姆斯特朗第一个走出登月舱，用他脚上特制的大号胶鞋在月球表面留下了人类的第一个足迹。

7月22日下午1点56分，阿姆斯特朗奉命指挥“阿波罗11号”飞船指令舱离开月球轨道返回地球。7月24日，3名航天英雄平安地降落在太平洋中部海面，人类首次登月宣告圆满结束。

来自月球的邀请函

在经历了失败的痛楚和成功的喜悦后，人们开始思索这样一个问题：载人太空飞行究竟意义何在？

有人认为，从务实的眼光看，“阿波罗登月飞行”是一件毫无意义的事情。人类花了那么多的财力和时间把人送上月球，无非就是开车转转，捡几块岩石，打打高尔夫球。而事实上，只需用1/10的费用，一个机器人就可以完成上述工作——可能打高尔夫球要除外。

人类花了那么多的财力和时间去做的事情真的没有意义吗？我们是否应该就此停止探索太空的脚步呢？

毫无疑问，阿波罗计划的成功是人类航天史上的一大进步，这一步跨过了5000年的时光，实现了人类从地球到月球的梦想。梦想实现后，我们更关注的是它的科研和开发价值。

月球上矿产资源丰富，对新能源的开发利用具有广阔的前景。由于月球上没有大气，太阳每年到达月球的能量约12万亿千瓦，在月球上建太阳能发电厂，发电量可供我们人类使用1万年。

另外，月球表面为超高真空，又没有磁场，重力也仅相当于地球的1/6，这种特殊的空间环境，非常适合人类在月球表面建立天文观测站和研究基地。

人类的伟大，在于能够把自己的梦想变成现实。也许有一天，人类真的会在地球之外的地方营建起另一个美丽新世界。有可能就在明天或者后天，当我们开启信箱的时候，一封来自月球的邀请函已经等在那里了。

电影电视中的魔幻世界

骑上飞天扫帚，穿梭在云层中；漫步在侏罗纪公园，感受恐龙的威猛……原本只是存在于脑海中的一些幻想，通过电影电视制作，就活生生地展现在你面前了。

似真还幻

或许你想乘宇宙飞船去太空遨游，驾驶潜水艇去看鲨鱼。这些想法通过动感的球幕电影，也可以变成现实。你会坐在一个特殊的观看平台上，它能带着你上下升降，左右倾斜，前后俯仰，模拟出逼真的上天入海的场景。

或者你家附近还没有这种效果的电影院，不要紧，你可以用“家庭电影”——电视来满足。

只要你家里有一台播放立体画面的电视机，再加上一副特殊的立体眼镜，你就会感到屏幕上的一切景物近在眼前，伸手可及：海底的大鲨鱼张着大嘴，似乎要把你吞到肚子里，把你吓得尖叫；哈利·波特骑着扫帚飞速地前进，似乎就是迎着你而来，让你忍不住想去牵他的手……

电影电视——欺骗了我们的眼睛

说到电影，要上溯到我国汉代出现的灯影戏及之后出现的皮影戏。1895年12月28日，法国卢米尔兄弟在巴黎卡普辛路14号咖啡馆放映电影成功之后，正式标志着电影时代的来临。

说到电视，1925年10月2日，苏格兰人约翰·洛吉·贝尔德在伦敦的一次实验中"扫描"出木偶的图像，这被看作电视诞生的标志。同年，美国人斯福罗金在西屋公司向他的老板展示了他的电视系统。

其实，从一开始，电影、电视是怎样达到它们的效果的呢？这就要讲一讲著名的"视觉滞留"现象。当你在黑夜里快速挥动一块燃烧着的木炭时，你会发现带着火星的木炭变成了一条连续的火带。这种现象早在古时候就被人们发现过。其实电视、电影的播放就是利用的这个原理。

当你眼前的物体被移走之后，在你眼里这个物体并不会立即消失，它会在你眼里滞留一段时间。这段时间到底有多长呢？实验证明，这段时间一般是0.1秒至0.4秒。电影、电视让一幅幅静止的画面快速地闪过你的眼睛，于是你的眼睛被欺骗了——画面动了起来。

多姿多彩的魔幻世界

电影、电视的诞生，使我们有了更精彩的魔幻世界。

现在，仅仅是电影、电视的分类就有几十种。在故事片项目下，比较成熟的类型就有西部片、强盗片、歌舞片、喜剧片、恐怖片、科幻片、灾难片、战争片、体育片等。随着社会的发展，新的分类或许还会出现。

中国电影2006年的产量是306部，年产电视剧集数大概为14000集，这些还只是通过审查的数量。如果说到全世界，那一年里电影、电视的产量是相当惊人的。

再从观看形式上来说，电影的观看形式是多种多样的。除了上面提到的动感球幕电影和立体电影，还有几种有意思的观看方式。

一种是水幕电影。它是利用高压水泵通过特制的喷头，将水自下而上喷出，使水雾化并形成扇面形银幕。你会随着电影里的人物出入各种画面，忽而腾起飞向天空，忽而又从天而降，产生一种虚幻缥缈的感觉。

一种是环幕电影，也称360度圆周电影。这种电影厅内呈圆形的周边，是由9块银幕组成一个环形银幕，由9台放映机同时放映。观众观看电影时要站在圆周中心，前瞻后瞩，左顾右盼，会感觉目不暇接，气势磅礴，加上多声道立体声效果，会让人有一种身临其境的强烈感觉。

知识链接

魔幻世界虽然精彩，但问题也随之而来：很多人由于长时间看电视、电影，产生了眼球发酸、胀痛、视力模糊、流泪、结膜轻度出血、眼内发痒等不适症状。长此以往，视力就会出现永久性下降，甚至是失明。所以，我们一定要注意休息，保护好视力。

奥斯卡金像奖

奥斯卡金像奖是美国乃至世界范围内重要的电影奖项，设立于1927年，之后每年举办一次。奥斯卡奖分为成就奖、特别奖和科学技术奖。我们熟悉的是成就奖中的最佳影片、剧本、导演、表演（男女主角、配角）、摄影、美工、剪辑、音乐、服装设计、化妆，以及最佳短片、最佳纪录片、最佳外语影片等奖项。获奖者将被颁发一个重3.9千克的奥斯卡小金人。

现代基因工程

基因工程又称重组DNA技术，虽然其产生只有100多年，但已经影响到人类以及地球上其他生物种群的进化与发展。而在精神层面上，基因研究的道德争论逐渐渗透到人类社会的方方面面。

什么是基因工程

20世纪60年代，曾经有一部令人毛骨悚然的科幻恐怖片《苍蝇》。片中主人公布兰德·塞斯在进行一项实验时，不小心把苍蝇基因混入了自己的体内，慢慢变成了苍蝇人。他开始习惯倒吊爬行、唾液可以融化物体，甚至后来他的儿子从出生起就继承了这个恐怖的基因组合，成年以后变成了“蝇人”……

毫无疑问，基因技术是一种魔法，它终将改变世界，并且改变我们人类的生活。要迎接那一天的到来，我们必须先了解基因工程。那么，什么是基因工程呢？

基因工程是生物工程的一个重要分支，它与细胞工程、酶工程、蛋白质工程和微生物工程共同组成了生物工程。所谓基因工程，就是用人为的方法把需要的某一供体生物的遗传物质——DNA大分子提取出来，用适当的工具酶进行切割后，把它与作为载体的DNA分子连接起来，然后与载体一起导入某一更容易繁殖和生长的受体细胞中，并且在那里 “安家落户”，进行正常的复制和表达，从而获得人们所需要或者想要见到的新物种。

基因工程的发展历程

1868年，瑞士生物学家弗里德里希发现细胞核内存有酸性和蛋白质两个部分。酸性部分就是后来所谓的DNA；

1882年，德国胚胎学家瓦尔特弗莱明在研究蝾螈细胞时，发现细胞核内包含大量分裂的线状物体，也就是后来的染色体；

1944年，美国科研人员证明DNA是大多数有机体的遗传原料，而不是蛋白质；

1953年，美国生化学家华森和英国物理学家克里克宣布，他们发现了DNA的双螺旋结构，奠定了基因工程的基础；

1980年，第一只经过基因改造的老鼠诞生；

1996年，第一只克隆羊诞生；

2000年，科学家公布人类基因组工作草图，标志着人类在解读自身的路上迈出了重要一步。

DNA到底有多神奇

基因工程如今已经取得了很大的进展，转基因动植物和克隆技术就是有力的证明。破解生物的遗传密码，在很多领域都有广阔的应用价值。它可以用来梳理不同生物间的关系，还可以打击犯罪、维护社会正义。人类获取的基因信息还可充当“过去时代的信使”，帮助古人类学家寻根问祖，探索人类的源头。

亲子鉴定是判断父母与子女是否是亲生关系的一种方法。最初，人们通过外貌长相的对比来确定亲子关系，但这种方法只是一种猜测、判断，只能作为一种参考。后来又有了“滴骨验亲”（将生者的血液滴在死人的骨骸上，若血液能渗透入骨则断定生者与死者有血缘关系，否则就没有。）和“滴血验亲”（ 将小孩的血与大人的血放在一起，如果能融在一起，就是父母亲生的，否则就不是。），但这些都没有科学依据。DNA检测方法，能够帮助人们准确判断孩子是不是亲生的，帮助失散的父母找到自己的孩子。

法国国王路易十六的儿子路易·夏尔曾被关进巴黎的一座监狱，但是他究竟是在1795年死在监狱里了还是逃过了法国革命者的追捕呢？这个问题在很长一段时间内是一个谜，有人怀疑路易·夏尔的坟墓里躺着的只是个替死鬼。1999年12月，科学家对墓地中的少年尸骨进行鉴定，并将其DNA结构与健在和已故的皇室成员的DNA进行了对比，结果证明死者就是路易·夏尔，并且通过分析，得出了“路易·夏尔死于结核病”的结论。

十月革命后，人们通过苏联官方了解到，沙皇全家于1918年7月19日被枪决，但一些历史学家怀疑沙皇幼女安娜丝塔西娅公主可能逃过一死。之后，不断有人声称自己就是安娜丝塔西娅公主，其中一位移居美国的妇女甚至通过高超的骗技取得了沙皇亲属的信任。科学家最终又求助于DNA分析法，他们从沙皇理发时留下的头发中提取了DNA，对比后发现这名妇女是个“冒牌货”。

2000年5月，德国警察在一家工厂发现560万支走私香烟，但现场除了一些空酒瓶和烟蒂之外，他们一无所获。不久后，警察在这家工厂附近抓获了3名形迹可疑的人，但是这3人拒不承认自己的罪行。后来警方通过对酒瓶和烟蒂上的唾液进行DNA检测，证明那些东西就是这3人留下的，他们不得不承认了自己的罪行。

新西兰艺术品商人托尼·马丁曾获得法国19世纪印象派画家高更的一些作品，但是他一直为自己得到的是不是真品而到处奔走求证。后来他通过一幅油画上黏着的4根毛发，证明了这些作品是高更所作。

科学界预言，21世纪是基因工程世纪。基因工程已经逐步渗透到农牧业、食品工业、医药卫生等行业中。

世界越来越小

高速发展的科学技术，让人类的交通、通信工具越来越先进。如今，人类已经可以前往地球表面上的任何一个角落，人类出行从未像今天这样便捷，与亲友的联系也从未如此方便。世界似乎越来越小。

小电话，大奇迹

从飞鸽传书到远洋邮轮，古老的信件传递需要耗费许多时间。直到美国人莫尔斯的伟大发明——电报问世，才实现了信息即时、远距离传播。顺着他的脚印，美国人亚历山大·格雷厄姆·贝尔发明了电话。贝尔首先对人类的语音及发声振动频率进行了深入研究，然而设计声音的传送和接收设备不是件容易的事。在坚持不懈的实验中，贝尔偶然发现，沿着线路传送电磁波的时候，可以传输声音信号。此后的多年，贝尔致力于改良这项技术以使声音的传播更清晰、稳定。终于，在1876年3月，贝尔成功地发明了电话，掀开了人类文明史上崭新的一页。如今电话的种类、功能不断翻新，移动电话也已经在全球大部分地区普及了。无论是到南极冰峰进行科考的科学家们，还是到南美热带丛林探险的旅行者，都可以利用卫星移动电话与亲人朋友保持联络。电话通信带给人们的不仅仅是便利，还使得人们的生活发生了巨大变化。例如，某个人患上一种罕见而复杂的疾病，如果辗转各地求医肯定会延误病情，如今医生利用多方可视电话联络国际专家来会诊，得出结论后再把病人转送到可以治疗的地方，这样就方便快捷多了。

多彩生活，“一网打尽”

如果说电话的发明是人类智慧的一座高峰，那么电子计算机（又称电脑）和互联网的诞生可以被看作科技峰林中的珠穆朗玛峰。1946年，世界上第一台电子计算机问世。在此后的10多年时间里，由于价格十分昂贵，电子计算机基本上只在国防和高科技研究领域使用，数量极少。早期所谓的计算机网络，就是将一台计算机主机经过通信线路与若干台终端（显示器和键盘）直接连接，我们也可以把这种方式看作互联网雏形。20世纪七八十年代是计算机网络发展的黄金时期，美国的“国家信息高速公路”项目引领了国际网络技术的潮流。

进入21世纪以后，互联网已成为我们日常生活的一部分：学习、娱乐、购物、交友……可以说，现代人的多彩生活，都可以“一网打尽”。全球各地的最新消息可以随手点来

浏览，看到感兴趣的话题可以立刻发表自己的见解与“同道中人”讨论一番，给电脑配上麦克风和摄像头就等于拥有远程可视电话……网络带给我们的便捷和乐趣，使得现代生活呈现出与传统生活截然不同的面貌。5 · 12汶川大地震正是借助网络，巨大的灾情才能在短时间内获得国内和国际的高度关注，从而迅速开展救援和重建工作，无数人在互联网上对灾区人民的支持和鼓励更是形成了一股温暖人心的力量。

随着科技的进步，我们生活的这个世界变得越来越小，同时，它也会变得越来越美好。

图说天下学生版

历史其实很有趣儿（世界卷）